大展好書　好書大展
品嘗好書　冠群可期

大展好書　好書大展
品嘗好書　冠群可期

陳式太極拳 10

陳式太極拳
拳劍刀精解
附 DVD

王青甫
趙會珍 編著

大展出版社有限公司

王青甫在寫作（2012 年夏）

2009 年王青甫、趙會珍夫婦在承德興隆溶洞前留影

王青甫拳影

王青甫刀影

趙會珍拳影

王青甫劍影

趙會珍拳影

2011 年王青甫、趙會珍
與學生在世紀公園合影

2011 年在野生原度假村授拳時與
敬業集團董事長李趄坡等合影

2012 年王青甫、趙會珍
與學生在東環公園合影

王青甫接受電視台採訪

在東環公園晨練劍

在東環公園晨練刀

弟子聶志勇刀姿

弟子劉永強拳姿

弟子李從從拳姿

弟子曹彥華劍姿

弟子白海霞拳姿

弟子丁錦霞拳姿

弟子劉春蕾拳姿

弟子谷計恩拳姿

2008 年參加中國邯鄲「世紀杯」第十一屆國際太極拳運動大會，
榮獲集體項目第二名和個人多項金獎。賽後師生合影留念

聶志勇、陳康、劉永強分別榮獲陳式競賽套路金、銀、銅牌

2010 年代表河北省一隊參加第八屆中國滄州國際武術節，榮獲集
體項目第一名和個人多項金獎（第八屆中國滄州國際武術節，是當
今國際武術界檔次最高、規模最大的國際武術頂級比賽盛會，全國
各省市和世界 44 個國家的武術菁英參賽。）

2010 年滄州國際武術節比賽現場　　2010 年滄州國際武術節
　　　　　　　　　　　　　　　　獲獎後合影

2012 年 6 月 16 日在敬業集團收徒儀式後合影。前排從左至右：姜桂增（原市委組織部副部長）、張益民（原市武協主席）、趙會珍、王青甫、李趕坡（敬業集團董事長）

2012 年 7 月 15 日王青甫、趙會珍收徒儀式後合影留念。前排從左至右：姜桂增（原市委組織部副部長）、張發旺（石市政協副主席）、趙會珍、王青甫、劉鴻雁（原省武協主席）、胡耀輝（谷養道董事長）

河北雜技頻道王青甫太極刀、劍拍攝啟動儀式

2015 年 4 月 12 日，河北電視台「精武門」欄目王青甫太極刀、劍拍攝啟動儀式隆重舉行。石家莊市武協常務副主席吳煥庭作為特約嘉賓到場祝賀並致辭。

2015 年河北電視台「精武門」欄目，王青甫老師傳授陳式太極劍

2009 年王青甫、趙會珍老師於北京

青甫太極綠洲公園站

青甫太極火炬廣場站

青甫太極東環公園站　　　青甫太極世紀公園站

弟子楊立召

弟子孫慶國

弟子台永利

弟子張立輝

弟子黃永強

弟子馮凱

弟子梁荷蔭

弟子提朝華

2014 年 10 月 26 日在石家莊市軌道辦舉辦青甫太極拳年會，王青
甫、趙會珍與市軌道辦領導及太極拳學員合影

青甫太極拳研究會領導成員合影

青甫太極拳 2015 年會
（從左至右：王青甫、張益民、張發旺、劉鴻雁、吳煥庭）

青甫太極歐韻站表演陳式太極拳　　青甫太極 2015 年會現場觀眾

中公網杯 2016 青甫太極年會（從左至右：劉岩波、高國忠、張發旺、王青甫、吳煥庭、郝憲晶、白海霞、趙會珍）

2014 年 6 月 13 日—15 日，青甫太極拳代表隊參加第十二屆邯鄲
國際太極拳運動大會，取得 12 金、10 銀、12 銅的佳績。圖為會後
在邯鄲叢台公園合影留念

2013 年 8 月參加河南焦作國際
太極拳大會合影留念

2016 年於台灣新北舉辦的第四世界
盃太極拳錦標賽，李玲、宋濤雙獲金牌

2005 年參加在保定舉辦的河北
省武術錦標賽，合影留念

2005 年轟志勇參加在成都舉辦的
全國太極拳錦標賽

2015 年 12 月—2016 年 1 月，青甫太極拳提高班學員合影留念

2016 年 10 月，參加河北邯鄲國際太極拳比賽。圖為在邯鄲叢台公
園門前合影留念

總序・太極人生

　　我們二人出生在武術之鄉——河北滄州，自幼習武，中年之後又習練太極拳，寒來暑往，堅持不懈，練拳、教拳、研拳成為我們人生最重要的部分。幾十年來，我們同諸弟子同學共武，相互切磋，技藝不斷增進，成績不斷取得，同時對太極拳的拳理、拳法乃至太極文化的認識和理解也不斷加深，並逐漸有了一些體悟。

│ 1 │

　　太極拳屬於內家拳，是中華武術優秀拳種。習練太極拳首先要懂得拳理拳法。

　　在太極拳發展歷程中，受門派之爭、思想保守、不肯輕易傳人的風氣影響和「言傳口授」的侷限，很多寶貴的技藝失傳，流傳下來的典籍也難免有誤。因此，今天我們習練太極拳，要以一種科學的精神、開放的態度，在科學昌明的平台上來研修。

　　習練太極拳以拳理為依據，以拳法為準繩，以技

擊為靈魂，以健身為目的。我們尊重古人，但不迷信古人，在科學發達、高度文明的今天，我們不能一成不變地繼承，更不能照搬硬套，必須在實踐中不斷總結經驗，在繼承融會貫通的基礎上，古為今用。習練太極拳要不唯人，不唯書，以健康的心態，經持之以恆的刻苦修煉，努力探討太極拳的真諦。太極拳不是簡單的肢體運動，不明拳理拳法，那叫瞎比劃。只有明太極拳之理，懂太極拳之法，知太極拳之意，用太極拳之德，運太極拳之勁，才能真正領悟到太極拳的真諦。

天下太極拳是一家。目前社會上流行的陳式、楊式、吳式、武式、孫式等太極拳雖然形式不同，風格不一，但是在理論上卻是相同的。大家都應該擯棄門戶之見，切實加強交流、切磋與合作，相互包容，相互學習，取長補短，共同提高，為弘揚國粹，傳承健康文化，構建和諧社會作出應有的貢獻。

2

太極拳不僅是最科學的健身方式之一，更是一種修為。習練太極拳不僅要練，更要體悟其豐厚的文化內涵。

太極拳蘊含著中國古代哲學、中醫學、兵法學、美學、力學、心理學、氣功等多門學科的基本文化內涵。學太極拳不僅可以強身健體，還會在無形中受到傳統文化的感染和薰陶，從一招一式中體會陰陽太極

之理，品味養生處事之道，在體鬆心靜中享受太極拳的美好意境。

太極拳乃性命之學，兼備文武之道。它不是簡單的肢體運動。楊澄甫大師說：「太極拳者，內家拳術之一也。」它是「以易理為本，其言心氣功夫」。「心」「氣」才是太極拳的核心。古人曰：「盡其心者，知其性也」，「只有盡心追求太極拳真諦者，才能懂得太極拳之妙也」。但「心」「氣」都是看不見、摸不到的，它不是直觀的，是抽象的，學的人需要「悟」，只有領悟到了，才能感覺到它的存在。所以說太極拳是一種修為。

講太極拳是一種修為，是指它身心並練，內外雙修，是一門科學運動。太極拳講的是：「先在心、後在身：以心行氣，以氣運身。」太極拳要求「在動中求靜，在靜中求動」。在鬆靜中漸入佳境，體悟人生。陰陽需要平衡，處事需要圓滿，人生需要和諧。老子曰：「人法地，地法天，天法道，道法自然。」「道法自然」才是「道」的最高境界。太極人生即健康人生、快樂人生，高高興興過一生，健健康康過一生，才是最終目的。

3

太極拳的生命在於創新和發展。太極拳是我國優秀的文化遺產，首先應繼承，這是我們義不容辭的責任。但繼承不是目的，是為了發展。作為武術，太極

拳過去是以技擊為用，今天則是以健身養生為主，這也是太極拳能夠普及推廣的根本原因。太極拳要發展，就必須適應時代和社會的需要。對傳統的太極拳，既要倍加珍惜、尊重和愛護，又要在繼承傳統的基礎上不斷充實，不斷完善，使其沿著正確、科學的方向發展。創新才能發展，太極拳只有創新才有生命力。

當然，創新不能脫離原來的基礎，不能偏離武術這個核心。為強調觀賞性，片面追求花樣，把武術變成「舞術」或健身操；為追求養生，一味強調慢軟，致使太極拳神運不足；為追求技擊，強調勁力而過於剛硬如此等等，都是失去了創新應有的意義。創新是要在繼承傳統的基礎上，為適應當今的社會環境和人文的需要，要輸入正能量，注入新鮮的血液，使之耳目一新；是古為今用，讓古老的中華文化弘揚光大，走向世界，讓全人類共享太極拳的健康運動之妙。

具體說，創新應遵循以下幾條原則：

——從豐富太極文化，領悟太極拳理法方面追求其科學性，讓太極拳沿著武術—文化—科學的健康運動路線發展。

——從技擊、健身、藝術三位一體方面追求其實用性。使太極拳不僅有技擊性、健身性，而且還要有一定的藝術性、觀賞性。讓習練者不僅能防身護身，康身健體，舒心愉快，而且讓觀者賞心悅目，體悟至善至美。

　　——增加太極拳演練的趣味性和娛樂性，使太極拳成為人們休閒、娛樂、養生和健身的主要方式之一。

　　——從太極拳表演、比賽和弘揚光大方面追求其多樣性。要讓太極拳適應不同的人群，讓更多的人喜歡太極拳。如：年輕人朝氣蓬勃，喜歡對抗、刺激性的活動，可以多開展「太極拳推手」比賽等活動。老年人是以健身為目的，可以多開展一些傳統太極拳、劍、刀、扇等集體表演活動。中青年人，身體素質較好，喜歡高層次的表演和比賽，可習練國家競賽套路等，雖難度大，但美觀大方，具有表演性、觀賞性和藝術魅力，給人以美的享受。

│ 4 │

　　人生是一個沒有回程的旅行，屬於每個人的只能有一次，而且時光不能倒流，多少遺憾留在這個永不停頓的旅途上，凸顯無奈與悲涼。但我們總不能白來人世走一回吧，總要幹點事，幹點自己喜歡的事，幹點對社會有意義的事。對我們倆來說，這個最有意義的事就是太極拳——從20世紀70年代開始學練楊氏太極拳到80年代學練陳式太極拳；從學練太極拳到傳承、教授太極拳；從潛心研究太極拳到撰寫太極拳文章，編寫太極拳書籍……幾十年如一日，太極拳幾乎成為我們生活的全部，我們的人生已同太極拳不可分割，我們的人生因為太極拳而無憾，因為太極拳而豐

富和精彩。太極人生，人生太極，就是我們人生的真實寫照。

從 20 世紀 90 年代辦班授拳，至今已培養學生逾千人，傳承弟子上百人。為了傳承太極，相繼編著了《48 式簡化陳式太極拳》、《62 式陳式太極劍》、《新編 45 式陳式太極刀》和太極拳理法《太極論道》；多次組織、舉辦大型太極文化交流活動和太極拳理論講座，發表了多篇相關論文；同時還創辦了「青甫太極拳培訓學校」，在陳式太極拳的修煉和傳承上有所成就，並得到界內人士的認可和好評。為將這些著述系統化，將以上書籍和論文進行了修訂和完善，匯編成此書。雖然修訂過程中盡可能地體現最新研究成果，盡可能地匯集翔實資料，但仍不免有許多不足乃至謬誤之處，誠懇歡迎各位方家批評指正。

在本書編輯出版過程中，眾弟子齊心協力，慷慨相助，我們二人很是感激，也甚感欣慰。不經意間，出書不僅成為研究成果的匯集，也成為青甫太極精神的聚集。篇幅所限，弟子名單不一一列舉，在此一併致謝。

王青甫　趙會珍

目　錄

I 48 式簡化陳式太極拳精解

太極拳乃中華傳統文化藝術寶庫中的瑰寶。陳式太極拳乃各派太極拳的始源。它構思巧妙，結構嚴謹，在品種繁多的中華武術中獨樹一幟……

原　序

　　青甫同志原籍武術之鄉河北滄州，從小酷愛武
術，長期的武德薰陶，養成他為人忠厚、質樸、豪爽
的性格。雖長期擔任領導工作，但不驕不傲，平易近
人。在長期從事武術活動中，一方面虛心好學，廣採
博取，融合眾家之長；另一方面熱心交流，對自己掌
握的技術毫不保守。因此，在其武術生涯中結交了很
多武術好友，汲取了武術界的許多好思想、好技術。
20 世紀 80 年代，由於工作環境的改變，他專心致力
於陳式太極拳的研究及鍛鍊。長期以熱情、執著的武
德信旨，忠實的貫徹「全民健身」精神，以飽滿的熱
情輔導了數以千計的太極拳愛好者，為弘揚中華武術
做出了很大的貢獻，受到太極拳愛好者的一致好評。
其眾多弟子先後在省、市、全國太極拳比賽中屢獲獎
牌，在太極拳界中享有一定的聲譽。

　　青甫同志在長期的輔導教學過程中，深感陳式太
極拳傳統套路對初學者在動作規範和技術上有不少難
以領會之處，因此在教學交流中萌生了創編一套簡明
易懂、簡便易學套路的想法，以達到為初學者和中老
年人從易到難、逐步提高鋪設階梯的目的。這對於陳
式太極拳的普及與傳播，無疑是一件好事。青甫同志
徵求我的意見，我很贊同。經青甫同志再三促寫，遂
提拙筆作序，介紹這本初學教材的產生經過。

　　　　　　石家莊市武協主席　張益民

説　明

　　太極拳乃中華傳統文化藝術寶庫中的瑰寶。陳式太極拳乃各派太極拳的始源。在品種繁多的中華武術中獨樹一幟。傳世幾百年來經久不衰，深受人們的喜愛。48 式簡化陳式太極拳是在 83 式陳式太極拳的基礎上改編的。鑑於 83 式傳統陳式太極拳套路較長，重複式子較多，難度較大，難點較多，不易普及教學，特別是令中老年人「望而生畏」，學練起來有一定困難。

　　為了有利於傳統陳式太極拳的普及與傳播，我們編寫了這套「48 式簡化陳式太極拳」。套路中去掉了 30 多個重複單式和部分高難度動作，如跌叉、旋風腳、二起腳等等。

　　但它只是刪繁就簡，從而使之簡單易學，演練時間相應縮短，一般在 5~6 分鐘可練一遍。比較適合初學者學練和中老年人參賽表演。在總體上並不影響陳式太極拳剛柔相濟、輕沉彈抖、快慢相間、震腳發力的獨特風格。

　　我們將全部套路縮編為 48 式，劃分為四段，以便教學和記憶。第一段的金剛三搗碓，是陳式太極拳的基礎，也是其精華，基本保持不變。俗話說「會不會，就看三搗碓」。其他三段都略有刪節和調整，以保證收勢回到原位。

　　另外，我們盡量簡化文字敘述，多以拳照示範。這樣，有助於初學者看書學練。由於水準所限，書中難免出現這樣或那樣的錯誤，懇請批評指正。

　　在編寫出版過程中，弟子耿曼尼、劉振華、聶志勇等對文字的校對與修訂，做了大量的工作；同時得到石家莊市武協主席張益民老師的大力支持和幫助，在此一併致謝。

王青甫　趙會珍

48 式簡化陳式太極拳
基本拳法及風格特點

　　陳式太極拳是我國最古老的太極拳種，至今仍保留著砸拳震腳等發力等動作，攻防意識表現較強，纏絲勁表現的比較突出。演練起來剛柔相濟，快慢相間，輕沉兼備，鬆活彈抖，別具一格。本套 48 式簡化陳式太極拳不僅將陳式太極拳的基本功法、風格融入其中，而且刪去了部分重複動作與個別高難動作，突出了陳式太極拳沉穩、舒展、大方的特點，更適宜中老年及初學者習練。

　　為了便於學練，現將主要拳法要求及風格特點做一簡要介紹。

一、基本拳法

1. 身型身法

（1）身型

　　立身中正，不偏不倚，不前俯後仰，不忽高忽低，姿勢自然平穩，和順安舒。

（2）身法

　　虛實開合，起落旋轉要周身一家。動作螺旋，非弧即圓。根在腳，力在腰，行在梢；以腰為軸帶動四肢，上下相隨，隨屈就伸，運轉靈活；腰不動，手不發；內不動，外不發；腰一動，全身動。

　　頭要虛領頂勁，不可俯仰和左右搖擺。

沉肩墜肘，不可聳肩架肘。

含胸拔背，不可挺胸弓背。

活腰沉胯，虛實分明，保證身體運轉自如，重心倒換靈活。尾閭中正，提肛內斂，不可外突翻臀。

2. 手型手法

（1）手型

◇掌——「瓦攏掌」。這是陳式太極拳獨有掌型。五指並攏自然伸直，大拇指與大魚際、小拇指與小魚際微向裡合，使掌型呈瓦狀。

◇拳——四指併攏捲曲握於手心，大拇指壓於食指與中指第二關節上，拳不可握得過緊。

◇勾手——五指自然捏攏，虎口呈圓形，手腕自然彎曲下垂，呈勾狀。

◇刁手——五指自然伸直，大拇指裡合捏於手心，手腕自然下垂裡合，呈刁拿狀。

（2）手法

◇纏絲——順纏：不分左右手，凡小魚際領勁運掌為順纏。逆纏：不分左右手，凡大魚際領勁運掌為逆纏。雙順纏：雙手同時小魚際領勁運掌向裡合收。雙逆纏：雙手同時大魚際領勁運掌向外掤擠。

◇繞臂——手臂隨掌上下左右劃弧運轉。

◇雲手——兩手臂在體前交叉劃弧走立圓，高不過頭，低不過襠，兩掌似撥雲狀翻轉。

（3）掌法

◇塌掌——手掌螺旋向外推塌，走的是螺旋勁。

◇旋掌——以手腕為軸翻轉手掌。向內為內旋掌，向外為外旋掌。

◇插掌——五指自然伸直，並以指尖為力點向前直插。

◇托掌——手心向上，掌由下向上托起。

◇按掌——手心向下，由上向下按。

◇推掌——手心向前，立掌前推，力達掌根。

◇撩掌——手隨甩臂前撩，力達指尖。

◇立掌——五指向上，掌根在下為立掌。

◇斜立掌——五指斜向上的立掌為斜立掌。

（4）拳（捶）法

◇衝拳——拳從腰間向胸前快速衝擊，力達拳面。

◇砸拳——拳臂上舉，然後屈臂垂直下砸，拳心向上，力達拳背。

◇撩拳——拳自下向前上方弧形甩臂撩擊，力達拳背。

◇穿拳——拳沿著另一手臂或大腿內側前穿。

◇舉拳——拳經胸前向上頂舉。

◇擺拳——拳隨小臂上提外擺，拳心向上。

◇金剛搗碓——左掌在腹前，掌心向上；右拳從上向下以拳背快速下砸至左手掌心，就像搗蒜捶搗蒜一樣。

◇當頭炮——雙拳從腰間隨體轉快速向前衝拳，像炮彈一樣有爆發力。

◇掩手肱捶——左手掩護右拳，快速甩臂前擊為左掩手肱捶；右手掩護左拳，快速甩臂前擊為右掩手肱捶。

◇擊地捶——即栽拳。一拳摟膝上提；另一拳從上

向前下方地面擊拳，拳面向下。

◇肘底捶——左手立掌屈臂垂肘，肘尖向下，與右拳相合於胸前，拳眼向上，拳心向裡。

3. 步型步法

（1）步型

◇馬步——兩腳橫向開步三腳或三腳半寬，腳尖向前，前膝不能過腳尖，成川字型。含胸收腹，屈膝下沉圓襠，屈膝下蹲，合膝坐胯，大小腿彎曲不低於 90 度。

◇偏馬步——左腳外開 45 度，重心微左移的馬步為左偏馬步；右腳外開 45 度，重心微右移的馬步為右偏馬步。前膝不能過腳尖。

◇弓步——前腿屈膝下沉，膝不過腳尖；後腿自然伸直。上體保持中正，前後腳不在一條線上。

◇側弓步——前腿屈膝下沉，膝不過腳尖；後腿微屈，腳尖外開，圓襠開胯。左腿在前為左側弓步；右腿在前，為右側弓步。

◇仆步——重心移至一腿，屈膝全蹲，另一腿伸直平仆地面，腳尖裡扣。左腿仆地為左僕步，右腿仆地為右仆步。

◇虛步——兩腳分開站立，兩腿屈膝下沉，重心偏於一腿。虛腿前腳掌著地，實腿全腳掌著地。左腳虛為左虛步；右腳虛為右虛步。

◇獨立步——一腿支撐身體站立，另一腿屈膝提起於體前，腳自然下垂。

◇歇步——兩腿交叉，屈膝下蹲，一腿壓在另一腿

上。前腳全腳掌著地，腳尖外展；後腳前腳掌著地，腳跟抬起。

（2）步法

◇上步——重心移至前腿，後腿向前腿前方邁步。

◇退步——重心移至後腿，前腿向後腿後方撤步。

◇開步——重心移至一腿，另一腿提起橫向開腳。

◇插步——重心移至一腿，並屈膝下沉；另一腿從其後橫向上步，前腳掌先著地，兩腿交叉。

◇蓋步——重心移至一腿，並屈膝下沉；另一腿從其前橫向上步，腳跟先著地，兩腿交叉。

◇躍步——左腳提起前擺，右腳蹬地跳起，在空中轉體換步，左腳、右腳向前依次落地。（如「玉女穿梭」）

◇跟步——重心移至前腿，後腿提起上半步，收於前腳裡側後方，前腳掌著地。

（3）腳法

◇鏟腳——重心移於一腿，並屈膝下沉；另一腿提起，腳尖上翹，以腳跟裡側貼地，側向鏟出。

◇震腳——重心移於一腿，支撐身體成獨立步；另一腿提起，並垂直下落踏地震腳。兩腳距離與肩同寬，腳尖均向前。

◇外擺腳——腳跟不動，腳尖外擺。

◇內扣腳——腳跟不動，腳尖裡扣。

（4）腿法

◇雙擺蓮——一腿支撐身體，成獨立步；另一腿提起前伸外擺，腳面繃平，兩手依次迎拍腳面。

◇拍腳——一腿支撐身體，成獨立步；另一腿提起向前上彈踢，腳面繃平，手掌在胸前迎拍腳面。

◇蹬腳——一腿支撐身體，成獨立步；另一腿提起向前或向側伸腿蹬腳，力達腳跟。

◇擺腿——一腿支撐身體，成獨立步；另一腿提起前伸外擺，腳面繃平。

4. 眼法

各家拳法都以眼神為尊，發令者在腦，傳令者在眼神，精巧之處全憑眼法。打拳時要精神集中，全神貫注，神態要自然安逸。眼神宜內斂，忌怒目。一般在起勢、收勢時，平視正前方，動作起來應先看引手後看進攻的方向。總之要有目標，有的放矢，手領眼隨，不能東張西看，眼光散亂無主。

5. 八法五步（十三勢）

「掤、捋、擠、按、採、挒、肘、靠、前進、後退、左顧、右盼、中定」是太極拳所有拳勢的最基本的招法。

6. 八法

◇掤——捧也，上承之意。膨也，如充滿氣的球，用力按之則此按彼起，令力不得下落也。「掤」為八法之首，有「掤勁不丟」之說。不管運用哪種手法，都應使手臂掤圓，有向上向外的撐勁。

◇捋——捋是向外疏散化解對方的來力，使來力落空而不得聚。在太極拳裡一般都是隨腰轉順勢向體側外

捋。

　　◇擠──排擠，推擠。在陳式太極拳裡的擠，多是後掌前臂同時向外擠，兩臂撐圓。

　　◇按──向下制止的意思，太極拳或推手遇來力擠時，用手掌下按，以制止之，使之不得逞。

　　◇採──擇而取之謂採。一般是從上往下採取，在太極拳或推手應用時，要隨腰轉快速下採。

　　◇挒──捩也，扭轉撕挒的意思。用轉腰挒胸分臂轉移分開對方的來力。

　　◇肘──大小臂彎曲之處謂肘。以肘擊之，容易傷人，一般不可用肘輕易擊人。陳式太極拳裡肘法很多，如搬攔肘、穿心肘、順鸞肘、拗鸞肘等。

　　◇靠──倚也。依也。太極拳近身對敵以胸肩胯撞擊敵人，為靠。

二、風格特點

1. 以意領氣，以氣運身

　　拳經十三勢歌中講：「勢勢存心揆用意，得來不覺費功夫。」「若言體用何為準，意氣君來骨肉臣。」可見「意」和「氣」是太極拳的核心。

　　太極拳要全身放鬆，用意不用力，當然是不用拙力。在內是意氣的運動，在外是神氣鼓盪的運動。內練心，外練身。「心為令」，「氣為旗」，「以心領氣」，「以氣運身」，氣達四梢，復歸丹田。心就是意，意到氣到，氣到勁到。心貴靜，身貴動。太極拳就是在動中求靜，由意

念的導引，氣沉丹田的運用，使人體保持陰陽平衡，氣血暢通。心不動，內氣不動，外形不動；心一動，內氣動，外形隨之而動。以腰為軸，周身一家，上下相隨，節節貫穿，連綿不斷，一氣呵成。

2. 順逆纏絲，螺旋運動

「運如抽絲」，「運勁如纏絲」，走纏絲勁，也叫螺旋運動。這是陳式太極拳的主要風格特點。練拳時要全身放長和順逆纏絲相互變換；上於手臂，中軀腰脊，下於腿腳，無處不螺旋，全身上中下形成一個「根於腳，發於腿，主宰於腰，形於手」的空間立體螺旋的運動。

3. 鬆活彈抖，震腳發力

陳式太極拳要求外柔內剛，外似處女，內似金剛，柔中寓剛，剛中寓柔，運柔成剛，剛柔相濟。只柔無剛就會失去爆發力；只剛無柔就沒有韌勁；剛柔不可偏用，運要柔，發要剛。「蓄勁如開弓，發勁如放箭」。

4. 有快有慢，快慢相間

陳式太極拳在運動速度方面，也不同於其他太極拳。因為它震腳發力，鬆活彈抖，必須有快有慢，快中有慢，慢中有快，做到快慢相間，節奏變化明顯，演練靈活而不死板。

5. 虛實分明，和諧對稱

太極者，陰陽也；太極拳者，虛實也；故虛實者，陰

陽也。虛實是太極拳的第一要義，有虛有實，虛虛實實，
進退轉關才靈活，運轉才快捷，運動不易疲勞，這也是最
經濟的運動方式。

太極拳是處處體現陰陽、虛實、開合、捲放、快慢、
剛柔等相互對應、相互依存、相互變化、相互消長的一種
運動形式。它既符合矛盾對立統一的法則，也符合事物運
動發展的規律，特別是陳式太極拳，它剛柔相濟，快慢相
間，開合相寓，虛實互換，上下相隨，內外相合，著著貫
串，勢勢相承，非常對稱和諧。

6. 立身中正，虛靈圓活

太極拳與推手，都以虛靜為極致，以身法中正為基
礎，虛則無所不容，靜則無所不應。著名拳師陳長興以立
身中正著名，人稱「牌位大王」。所以陳式太極拳也以立
身中正為第一要義。

立身中正，八面支撐，不偏不倚，無過不及。打拳時
要手領眼隨，身端步穩，肩平身合，沉肩垂肘，含胸拔
背，肘膝相合，周身一家。力由脊發，氣貼背行。圓襠開
胯，虛靈圓活，氣沉丹田。

7. 腹式呼吸，有氧運動

太極拳的呼吸也非常重要。它吸取了道家養生內修功
法，「導引吐納」腹式呼吸。形成了「內外合一」的內功
拳。蓄勁時吸氣，發勁時呼氣，收合時吸氣，開放時呼
氣。

當然初學者還是先自然呼吸，因為身體放鬆不下來，

容易使僵力，故而有提氣，憋氣，胸悶等現象，打拳時連呼帶喘，而且很累。隨著鍛鍊的時間增長，功夫的長進，身體逐漸由僵硬變鬆柔，氣自然下沉丹田，從而由自然呼吸過渡為腹式（逆式）呼吸。放慢了呼吸節奏，使呼吸拉長，呼吸氣量增大，從而增加了氧氣的吸收。

有人稱太極拳也是「有氧運動」。所以太極拳不僅能夠強身健體，修身養性，陶冶情操，而且還有祛病延年的功能。

8. 融技擊性、健身性、藝術性於一體

陳式太極拳是最古老的太極拳，是由幾代卓越的太極拳先輩從實戰中總結提煉而成。在動作上以柔化剛發為特徵，具有明顯的技擊性。演練時強調一舉一動均要用意不用力，鬆柔虛靜，先意動而後形動。「以心行氣」「以氣運身」，做到意到、氣到、勁到，形成一種意氣運動，久練必然氣血暢通。

由於內氣運動促進了外形的運動，因此它「神形兼備，內外雙修」，有很好的強身健體和修心養性的功能。

由於身法中正安舒，動作和諧對稱，有剛有柔，柔而不懈，剛而不硬，虛靈圓活，工架舒展大方，動作瀟灑，造型美觀，結構巧妙，所以演練起來妙趣橫生，氣勢磅礴，給人以美的享受，是一種美學藝術的再現。

48 式簡化陳式太極拳拳譜

第一段

一、起勢　　二、金剛搗碓　三、懶紮衣　四、六封四閉

五、左單鞭　　　六、金剛搗碓　七、白鶴亮翅

八、斜行拗步　　九、初收　　　十、前蹚拗步

十一、掩手肱捶　十二、十字手　十三、金剛搗碓

第二段

十四、庇身捶　　十五、背折靠　十六、青龍出水

十七、白猿獻果　十八、雙推掌　十九、三換掌

二十、肘底捶　二十一、倒捲肱　二十二、退步壓肘

二十三、中盤　二十四、閃通背　二十五、掩手肱捶

二十六、六封四閉

第三段

二十七、左單鞭　二十八、左雲手　二十九、高探馬

三十、右擦腳　　三十一、左擦腳　三十二、擊地捶

三十三、前招後招　三十四、野馬分鬃

三十五、雙震腳　三十六、玉女穿梭　三十七、懶紮衣

三十八、六封四閉

第四段

三十九、左單鞭　四十、雀地龍　四十一、上步七星

四十二、小擒打　四十三、右單鞭　四十四、右雲手

四十五、雙擺蓮　四十六、當頭炮　四十七、金剛搗碓

四十八、收勢

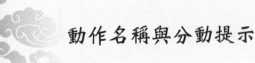

動作名稱與分動提示

第一段

一、起勢

1.並腳直立　2.開步站立

二、金剛搗碓

1.左轉掤臂　2.右轉塌按　3.左轉前推　4.轉身右捋

5.鏟腳推掌　6.弓步前擠　7.虛步撩掌　8.提膝衝拳

9.砸拳震腳

三、懶紮衣

1.右轉掤拳　2.左轉磨掌　3.分掌劃弧 4. 合臂鏟腳

5.右轉靠擠　6.（偏）馬步塌掌

四、六封四閉

1.旋掌下引　2.右轉掤擠　3.左轉刁托　4.分掌合肘

5.虛步按掌

五、左單鞭

1.右轉推收　2.左轉提勾　3.屈膝鏟腳　4.弓步穿掌

5.（偏）馬步塌掌

六、金剛搗碓

1.轉體右捋　2.塌按前推　3.轉體右捋　4.弓步前擠

5.虛步撩掌　6.提膝衝拳　7.砸拳震腳

七、白鶴亮翅

1.右轉掤拳　2.左轉磨掌　3.轉體分掌　4.合臂鏟腳

5.跟步分掌

八、斜行拗步

1.左轉繞臂　2.右轉下採　3.鏟腳右捋　4.肩靠翻掌

5.摟膝推掌　6.弓步分掌

九、初收

1.左轉掤臂　2.右轉提收　3.提膝按掌

十、前蹚拗步

1.擺腳右捋　2.上步合掌　3.撐掌鏟腳

4.（偏）馬步分掌

十一、掩手肱捶

1.提膝合臂　2.震腳鏟腳　3.弓步擺拳　4.掩手分臂

5.右轉合拳　6.弓步發拳

十二、十字手

1.轉體掤刁　2.左轉合手　3.馬步撐掌

十三、金剛搗碓

1.分掌下勢　2.弓步托掌　3.虛步撩掌　4.提膝衝拳

5.砸拳震腳

第二段

十四、庇身捶

1.開步合掌　2.旋腕擰拳　3.左轉掤臂　4.右轉壓肘

5.馬步撩拳

十五、背折靠

1.左轉引臂　2.擰腰背靠

十六、青龍出水

1.右轉衝拳　2.左轉撩拳　3.收拳撩掌　4.馬步發拳

十七、白猿獻果

1.繞臂左轉　2.提膝衝拳

十八、雙推掌

1. 鏟腳合掌　2. 跟步雙推

十九、三換掌

1. 右轉推收　2. 左轉推掌　3. 右轉推掌　4. 左轉分掌

二十、肘底捶

1. 右轉繞臂　2. 肘底看捶

二十一、倒捲肱

1. 退步分掌　2. 收腳合臂　3. 退步分掌　4. 收腳合臂

5. 退步分掌

二十二、退步壓肘

1. 轉體繞臂　2. 收腳合肘　3. 退步發掌

二十三、中盤

1. 轉體右捋　2. 提膝劈掌　3. 合掌震腳　4. 鏟腳合臂

5. 馬步提手

二十四、閃通背

1. 收腳推掌　2. 上步插掌　3. 轉體掄臂　4. 撤步劈掌

二十五、掩手肱捶

1. 提膝合臂　2. 鏟腳擺拳　3. 掩手分臂　4. 右轉合拳

5. 弓步發拳

二十六、六封四閉

1. 收拳掤擠　2. 提膝托掌　3. 鏟腳合掌　4. 虛步按掌

第三段

二十七、左單鞭

1. 右轉推收　2. 左轉提勾　3. 屈膝鏟腳　4. 弓步穿掌

5.（偏）馬步塌掌

二十八、左雲手

1. 繞臂收腳　2. 開步推掌　3. 插步雲手　4. 開步推掌
5. 插步雲手　6. 開步推掌

二十九、高探馬

1. 跟步推掌　2. 合臂鏟腳　3. 馬步分掌　4. 轉體翻掌
5. 收腳推掌

三十、右擦腳

1. 合臂前擠　2. 左轉刁托　3. 蓋步合手　4. 左轉掤臂
5. 分掌拍腳

三十一、左擦腳

1. 落腳合掌　2. 右轉掤臂　3. 分掌拍腳

三十二、擊地捶

1. 鏟腳右捋　2. 弓步栽捶

三十三、前招後招

1. 轉體提拳　2. 虛步按掌　3. 鏟腳推掌　4. 弓步前推

三十四、野馬分鬃

1. 提膝托掌　2. 弓步穿掌　3. 轉體左捋　4. 提膝托掌
5. 弓步穿掌

三十五、雙震腳

1. 轉體右捋　2. 虛步按掌　3. 提膝跳托　4. 震腳按掌

三十六、玉女穿梭

1. 提膝托掌　2. 蹬腳分掌　3. 躍步架推　4. 轉身分掌

三十七、懶紮衣

1. 鏟腳合臂　2. 右轉靠擠　3. （偏）馬步塌掌

三十八、六封四閉

1. 旋掌下引　2. 右轉掤擠　3. 左轉刁托　4. 分掌合臂

5. 虛步按掌

第四段

三十九、左單鞭
1. 右轉推收　2. 左轉提勾　3. 屈膝鏟腳　4. 弓步穿掌
5.（偏）馬步塌掌

四十、雀地龍
1. 轉體變拳　2. 左轉合臂　3. 仆步穿拳

四十一、上步七星
1. 弓步頂拳　2. 虛步合拳

四十二、小擒打
1. 右轉掤臂　2. 鏟腳分掌　3. 轉身右引　4. 弓步橫推

四十三、右單鞭
1. 抓勾旋掌　2.（偏）馬步塌掌

四十四、右雲手
1. 繞臂收腳　2. 開步推掌　3. 跟步雲手　4. 開步推掌
5. 跟步雲手　6. 開步推掌

四十五、雙擺蓮
1. 跟步雲手　2. 虛步按掌　3. 擺腿拍腳

四十六、當頭炮
1. 撤步掄拳　2. 轉體收拳　3. 弓步衝拳

四十七、金剛搗碓
1. 轉身右捋　2. 弓步前擠　3. 虛步撩掌　4. 提膝衝拳
5. 砸拳震腳

四十八、收勢
1. 十字掤掌　2. 分掌直立　3. 落臂並步

動作與圖解說明

第一段

一、起勢（面南站立）

1. 並腳直立：兩腳併攏，身體直立。兩臂自然下垂，兩手輕輕貼於大腿外側，手心向內，全身放鬆，中正安舒。精神集中，呼吸自然。目視正前方，心不想，身不動，似無極狀態（圖 1-1）。

2. 開步站立：心意起，身微動，準備打太極拳。左腳輕輕提起，向左橫開半步，兩腳距離與肩同寬，腳尖向前，重心在兩腿之間，自然站立。目視前方（圖 1-2）。

圖 2-1

【要點】立身中正安舒，全身自然放鬆，精神集中，呼吸自然，虛領頂勁。

二、金剛搗碓

1. **左轉掤臂**：身微左轉，同時兩臂向前掤起，高與肩平，掌心向下；左手在身體左前方，右手在胸前，不過身體的中心線（圖2-1）。

2. **右轉塌按**：身微右轉，同時鬆胯屈膝下沉。兩掌回收下按，左手在腹前，右手在右胯前，掌心向下，指尖向前（圖2-2）。

3. **左轉前推**：身微左轉，同時兩掌左逆右順向左前方推擠，掌心向前。左手向上斜立掌，於左肩前方，高與肩平；右手斜向下，於腹前中心線。目視左手指尖（圖2-3）。

圖 2-2

圖 2-3

4. **轉身右捋**：重心移至左腿，右腳尖外擺，上體右轉，胸向西偏南。同時兩手揚指塌腕，左順右逆向右托捋。左臂裡合肘外折腕，左手掌心斜向上，指尖向前；右手掌心向外，指尖斜向上，高與肩平。目視左手（圖2-4）。

5. **鏟腳推掌**：重心移至右腿，左腳提起，腳尖上翹，左腳跟裡側貼地向左前方鏟出。同時兩手向右後方平推，掌心向外。右手大魚肌領勁，指尖斜向上，在右膝前上方；左手小魚肌領勁，指尖斜向前，裡合肘外折腕於左胸前。目視左前方（圖2-5、圖2-6）。

6. **弓步前擠**：身向左轉，（面向正南），重心前移至左腿，成左弓步。同時兩手左逆右順向下向前塌擠，左臂屈肘橫於左膝前上方，掌心斜向下；右手合於右膝上方，掌心斜向前。目視前方（圖 2-7）。

7. **虛步撩掌**：重心全部移至左腿，右腳向前上步，前腳掌著地，成右虛步。同時兩手雙逆纏，而後右手前撩至胸前，掌心向上，指尖向前；左手前撩後合於右小臂上，掌心向下。目視右掌（圖 2-8）。

8. **提膝衝拳**：左胯塌實，右膝提起。同時右手變拳，屈臂上舉，高與耳平，拳心向裡；左手下按至腹前翻掌，掌心向上。目視前方（圖 2-9）。

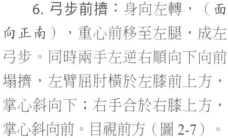

9. **砸拳震腳**：右拳下落，砸在左掌心。同時右腳踏地震腳，腳尖向前，兩腳距離與肩同寬。目視前方（圖 2-10）。

【要點】鏟腳與推掌、上步與撩掌、提膝與衝拳、砸拳與震腳等動作要協調一致，特別是砸拳與震腳必須同步。砸拳要有力，震腳要有聲，要全腳掌著地。

三、懶紮衣

1. **右轉掤拳**：身微右轉，同時左掌托右拳向右前方掤擠。目視兩手（圖 3-1）。

2. **左轉磨掌**：身向左轉，同時左掌托右拳走下弧，向左前上方掤擠，高至左胸時右拳變掌，並隨體轉兩掌外翻相磨，掌心向外。目視兩掌（圖 3-2）。

3. **分掌劃弧**：身微右轉，同時分掌繞臂向上下左右劃弧。左手至左胯旁，掌心向下，右手至右肩上方，掌心向外。目視左前方（圖 3-3）。

4. **合臂鏟腳**：重心移至左腿。右腳提起，腳尖上翹，腳跟裡側貼地向右側鏟出。同時左手走上弧，右手走下弧，合臂於左胸前；左手立掌合於右小臂上，掌心向右，右手前伸，掌心向上，指尖向前。目視右前方（圖3-4）。

5. **右轉靠擠**：重心移至右腿，肩胯整體右靠，成右偏馬步。同時左掌右臂左順右逆向右掤擠。目視右手（圖3-5）。

6. **（偏）馬步塌掌**：身微下沉，左手自然下落至腹前，掌心向上，指尖向裡；右手向右前方螺旋下塌外碾，掌心向外，成斜立掌。高與肩平，目視右掌（圖3-6）。

【要點】轉體與分掌繞臂、合臂與鏟腳要協調一致；兩掌相磨時，兩手要有外撐力；右手螺旋下塌外碾，要和身體下沉形成一個整勁。

四、六封四閉

圖 4-1

1. **旋掌下引**：身微左轉，重心移至左腿。同時右掌旋腕走下弧向左引，兩手合於腹前。目視右前方（圖 4-1）。

2. **右轉掤擠**：身向右轉，重心移至右腿，同時兩手背相合，左順右逆經胸前向右前方掤擠。右手掌心向外；左手掌心向裡，高與肩平。目視兩掌（圖 4-2）。

圖 4-2

3. **左轉刁托**：身微左轉，重心移至左腿，同時兩掌走下弧，經腹前向左前上方刁托。左手由掌變刁手，在左膝前上方與左腳上下相合；右手順纏裡合肘外折腕托於胸前，掌心向上。目視右前方（圖 4-3）。

4. **分掌合肘**：身微左轉，同時兩手旋腕外分，兩肘微微裡合，掌心均向上，指尖向外，高與肩平。目視右掌（圖 4-4）。

圖 4-4

圖 4-3

圖 4-5

圖 4-6

圖 5-1

5. **虛步按掌**：向右轉體，兩手屈臂分別合於兩耳側，掌心斜向裡（圖 4-5）同時重心移至右腿，左腳跟步，前腳掌著地，成左虛步。同時兩掌經胸前向右胯前下推按。目視雙手（圖 4-6）。

【要點】右轉前擠時沉肩鬆胯，身體下沉，不可前傾；左轉刁托要用腰帶；分掌合肘時，不要開得過大，要掌開肘合，掌合肘再開，充分體現開中有合，合中有開。

五、左單鞭

1. **右轉推收**：身微右轉，右腳不動，以右腿為軸（中心），左腳以前腳掌為軸隨體轉外碾。同時兩掌雙順纏向右前上方推搓，左掌在前，右掌貼於左小臂裡側，兩掌心都向上。指尖向前，目視左手（圖 5-1）。

2. **左轉提勾**：重心不變，身向左轉，右腳不動，左腳仍以前腳掌為軸裡合，成左虛步。同時右掌裡旋腕變勾手上提至右前方，高與肩平；左掌自然下落至小腹前，掌心向上，指尖向裡。目視左前方（圖 5-2）。

3. **屈膝鏟腳**：重心全部移
至右腿，並屈膝下沉。左腳提
起，以腳跟裡側貼地向左鏟
出。目視左前方（圖 5-3）。

4. **弓步穿掌**：重心移至左
腿。右腳尖裡扣（圖 5-4），
身微右轉，重心移至右腿，同
時左手向右胸前穿掌、順纏裡
旋。目視左掌（圖 5-5）。

5. **（偏）馬步塌掌**：身微
左轉，重心移至左腿，成左偏
馬步。同時左手逆纏外旋向左
前方塌掌，高與肩平，掌心向
外。目視左掌（圖 5-6）。

圖 5-2

圖 5-3

圖 5-4

圖 5-5

圖 5-6

【要點】右轉推搓時重心不可後坐；穿掌旋臂，左右重心倒換時，要轉腰鬆胯，以腰帶動，不得來回晃動，保持立身中正、沉穩；左單鞭定式左掌與肩平，右勾手略高於肩。

六、金剛搗碓

1. **轉體右捋**：身微右轉，重心移至右腿。同時兩臂沉肘旋腕變右捋，左手裡合肘外折腕，掌心向上，指尖向左，位於胸前；右手掌心向外，成斜立掌，略高於肩，位於右膝上方。目視左前方（圖6-1）。

2. **塌按前推**：身微左轉，並屈膝下沉，同時兩掌向下塌按（圖6-2）。重心移至左腿，同時兩掌向左前方推擠，左手逆纏，掌心向左前方，成斜立掌，高與肩平；右手順纏於腹前，掌心向左，指尖斜向下。目視左掌（圖6-3）。

3. **轉體右将**：身微右轉，重心移至右腿。同時兩手翻掌旋腕，由左逆右順變左順右逆向右托将，左手裡合肘外折腕，掌心斜向上，指尖向左，位於胸前；右手掌心向外，成斜立掌，位於右膝上方，略高於肩。目視左前方（圖6-4）。

4. **弓步前擠**：開左腳，向左轉體，重心前移至左腿，成左弓步。同時兩手向下劃弧，在重心前移時向前掤擠，左手屈臂橫於左膝上方，掌心向下；右手合於右膝上方，掌心向前。目視左前方（圖6-5）。

5. **虛步撩掌**：重心前移至左腿，左胯下沉，重心全部落於左腿，右腳向右前方上步，前腳掌著地，成右虛步。同時兩手雙逆纏，而後右手前撩於胸前，掌心向上，指尖向前；左手前擠後合於右小臂上。目視右掌（圖6-6）。

6. **提膝衝拳**：左胯塌實，右膝提起。同時右手變拳，屈臂上舉，高與耳平，拳心向裡；左手下按至腹前翻掌，掌心向上。目視前方（圖6-7）。

圖 6-5

圖 6-6

圖 6-7

7. **砸拳震腳**：右拳下落，砸於左掌心。同時右腳踏地震腳，腳尖向前，兩腳距離與肩同寬。目視前方。（面東）（圖6-8）。

【要點】鏟腳與推掌、上步與撩掌、提膝與衝拳、砸拳與震腳等動作要協調一致，特別是砸拳與震腳必須同步。砸拳要有力，震腳要有聲，要全腳掌著地。

七、白鶴亮翅

1. **右轉掤拳**：身微右轉，同時左掌托右拳向右前方掤擠。目視兩手（圖7-1）。

2. **左轉磨掌**：身微左轉，同時左掌托右拳走下弧，向左前上方掤擠，高至左胸時右拳變掌，並隨體轉兩掌外翻相磨，掌心向外，目視兩掌（圖7-2）。

3. **轉體分掌**：身向左轉，開左腳。同時分掌繞臂劃弧，左掌至左胯，掌心向下；右掌至右肩前上方，掌心向外。目視右掌（圖 7-3）。

4. **合臂鏟腳**：重心移至左腿，提右腳，向右前方鏟出。同時左掌向上、右掌向下繞臂劃弧，合於左胸前。左手立掌於右小臂上，掌心向右；右手前伸，掌心向上，指尖向前。目視右前方（圖 7-4）。

5. **跟步分掌**：重心移至右腿，隨著身體右轉，左腳向前跟半步，前腳掌著地，成左虛步。

同時兩手雙逆纏上下分掌，左手掌心向下至左膝旁，右手掌心向外向上至右肩前上方。目視右掌（圖 7-5）。

【要點】合臂鏟腳的步子不易過大，以免重心倒換不穩；跟步分掌，要先倒重心，後分掌。

圖 8-1

八、斜行拗步

1.**左轉繞臂**：身微左轉，重心移至左腿。同時兩掌左逆右順向左繞臂劃弧。目視右手（圖8-1）。

2. **右轉下採**：身向右轉，開右腳，重心移至右腿。同時左手順纏繞臂上挒，掌心向上；右手逆纏繞臂向體前右下採按，掌心向下。目視左手（圖8-2）。

3. **鏟腳右挒**：身微右轉，重心移至右腿，提左腳向左前方（東北）鏟出。同時兩手左順右逆向右後方採挒。左手裡合肘外折腕，掌心向上，右手逆纏向右下採，掌心向下。目視左前方（圖8-3）。

圖 8-2

圖 8-3

4. **肩靠翻掌**：身微左轉，肩胯整體左靠。同時兩手向右繞臂翻掌，左手掌心向下至右胸前；右手掌心向上至右肩前方。目視左前方（圖 8-4）。

5. **摟膝推掌**：身體繼續左轉，成左弓步。同時左手經腹前走下弧摟膝變勾上提；右手屈臂經右耳及胸前向左前方推掌，高與肩平。目視右掌（圖 8-5）。

6. **弓步分掌**：身微右轉，同時左勾右掌隨體轉下沉分臂塌掌，高與肩平。左勾手在左膝的左上方；右掌在右膝的左上方，兩臂與兩腿斜成剪勢。目視右掌（圖 8-6）。

【要點】摟膝推掌要先走肩胯靠再轉腰、提勾推掌；分臂塌掌時，成左側弓步，要隨體轉下沉而分臂塌掌，要有外撐力，氣勢要飽滿。

圖 9-1

九、初　收

1. **左轉掤臂**：身微左轉，同時兩臂劃弧雙順纏下合再雙逆纏向前上方掤架；兩手相合於胸前，虎口相對，掌心斜向外，高與肩平。目視雙掌（圖 9-1、圖 9-2）。

圖 9-2

2. **右轉提收**：身微右轉，重心移至右腿，左腿回抽，成左虛步。同時兩手雙順纏劃弧，回收於腹前，掌心向上，指尖向前（圖 9-3）。

3. **提膝按掌**：重心收於右腿，提左膝向上頂起。同時兩手翻掌內扣，於左膝上方向前下推按；左手在前，右手在後，掌心均向下。目視雙掌（圖 9-4）。

圖 9-3

圖 9-4

【要點】兩臂回收要有裹勁，兩掌要有合勁；提膝與按掌要形成上下合勁。

十、前蹚拗步

1. **擺腳右将**：上體微右轉，同時左腳前伸外擺。兩手左順右逆向右採将。目視左腳（圖 10-1）。

2. **上步合掌**：身微左轉，左腳在左前方落下，腳跟先著地。同時兩臂經頭前向左前方繞臂劃弧，兩手合於左腳上方，高與肩平。目視兩掌（圖 10-2）。

3. **撐掌鏟腳**：重心移至左腿，提右腳向右前方（東南）鏟腳。同時兩手雙逆纏，向外掤臂撐掌。目視雙掌（圖 10-3、圖 10-4）。

圖 10-5

4.（偏）馬步分掌：右腳踏實，身向右轉，重心移至右腿，成右偏馬步。同時兩手隨體轉左右分掌下塌，掌心向外。目視右手（圖 10-5）。

【要點】（1）上步合掌後重心前移時，兩手不可下落，要有向外的掤勁。（2）馬步分掌時，要先走肩胯靠後轉腰分掌。重心移至右腿與轉腰分掌要協調一致。

十一、掩手肱捶

1. 提膝合臂：身向右轉，扣左腳，重心移至左腿，右腿屈膝提起，成左獨立步。同時兩手向下沉臂翻掌，再繞臂向上，左掌右拳屈臂向下合於腹前右膝裡側，右拳在下，左掌按在右小臂上。目視左前方（圖 11-1、圖 11-2）

圖 11-1

圖 11-2

2. **震腳鏟腳**：左腿屈膝下沉，右腳踏地震腳；左腳提起，腳尖上翹，腳跟裡側貼地向左側鏟出。目視左前方（圖 11-3、圖 11-4）。

3. **弓步擺拳**：重心移至右腿，成左側弓步。身向左轉，同時左掌右拳隨體轉前移，上提外擺，高與肩平，拳心向上；左掌屈臂橫於胸前，成斜立掌，掌心向外，目視右拳（圖 11-5）。

4. **掩手分臂**：重心不變，身微右轉。同時左掌逆纏，向左前方掤臂推掌，掌心向外，成斜立掌，高與肩平；右拳內旋下擺回抽於右膝上方，拳心向下，高與腰平。目視左掌（圖 11-6）。

圖 11-7

5.**右轉合拳**：身向右轉，重心移至右腿。同時左掌順纏右引，回收至胸前，掌心向上，指尖向前；右拳先逆纏上提，再順纏裡合於螺旋下沉胸前，小臂貼於右肋，拳心向上。目視左掌（圖 11-7）。

6.**弓步發拳**：重心移至左腿，成左側弓步，身體迅速左轉。同時左手快速回抽於左胸前，成半握拳，手心輕貼左肋；右拳快速逆纏甩臂向前彈擊，拳心向下，高與肩平。目視右拳（圖 11-8）。

【要點】（1）提膝合臂時，膝要有上頂之意；左掌右拳要有下按之意，上下形成合勁。（2）弓步發拳前，必須蓄好勁，沉肩墜肘，圓襠坐胯，全身捲合；發拳瞬間肩肘放鬆，讓拳像鏈錘一樣彈出去，快而有力。充分體現「蓄勁如張弓，發勁如放箭」，剛柔相濟、快慢相間的陳式太極拳特點。

圖 11-8

十二、十字手

1. 轉體掤刁：身體右轉，重心
移至右腿，成右偏馬步。同時右拳
變刁手，屈臂回抽，向右上方掤
架，位於右膝上方，手心斜向下，
高與耳平；左手變掌下沉於左膝上
方，掌心斜向上，高與腰平；兩手
心相對。目視前方（圖 12-1）。

圖 12-1

2. 左轉合手：身微左轉，重心
移至左腿，成左偏馬步。同時右臂
順纏走下弧，經腹前向左前方撩
掌，掌心向上，指尖向左；左手繞
臂劃弧翻掌下按，掌心向下合於右
手腕上。目視雙手（圖 12-2）。

圖 12-2

3. 馬步撐掌：右腳急速後撤半
步，身體同時快速右轉，成馬步（面
南）。同時左手在裡，右手在外，合
手向外掤臂撐掌，掌心向外，高與胸
平。目視雙手（圖 12-3）。

圖 12-3

【要點】（1）轉體掤刁時，
隨體轉右拳回抽和左手下沉要協調
一致，力點在兩個手腕上，要沉肩
垂肘。（2）馬步撐掌時，撤步轉
體、撐掌要同步完成，充分體現周
身一家的整體勁。

十三、金剛搗碓

1. **分掌下勢**：身微左轉，重心移至右腿，屈膝下沉，成左仆步。同時左掌逆纏分臂，下採於左膝上方，掌心斜向下，指尖向前；右掌逆纏分臂，向右上方撐掌，成斜立掌，掌心向外，位於右膝上方，高與頭平。目視左掌（圖13-1）。

2. **弓步托掌**：弓左膝，蹬右腳，重心移至左腿，成左側弓步。同時左手隨體轉左移，順纏旋掌上托於左肩前方，高與肩平，手心向上，指尖向前；右手順纏下按於右膝上方，高與腰平。掌心向下，目視左掌（圖13-2）。

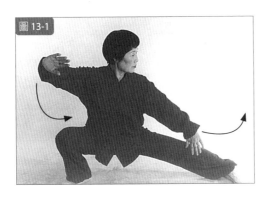

圖 13-1

圖 13-2

3. **虛步撩掌**：身微右轉（面
南）。重心全部移至左腿，右腳
隨重心移至左腿回收，並經左腳
裡側，向右前方上步，前腳掌著
地，成右虛步。同時右手隨上步
前撩於胸前，掌心向上，指尖向
前；左手旋掌下按，合於右小臂
上，掌心向下。目視右掌（圖
13-3）。

4. **提膝衝拳**：左胯塌實，右
膝提起。同時右手變拳，屈臂上
舉，高與耳平，拳心向裡；左手
下按至腹前翻掌，掌心向上。目
視前方（圖 13-4）。

5. **砸拳震腳**：右拳下落，砸
於左手掌心。同時右腳踏地震
腳，腳尖向前，兩腳距離與肩同
寬。目視前方（圖 13-5）。

【要點】上步撩掌、提膝衝
拳、砸拳震腳動作要協調一致，
特別是砸拳與震腳必須同步。砸
拳要有力，震腳要有聲，要全腳
掌著地。

圖 14-1

第二段

十四、庇身捶

1. 開步合掌：重心移至左腿，右腿輕輕提起，向右鏟腳開步。同時兩手左右分掌繞臂，立掌合於胸前；左手在外，掌心向右；右手在裡，掌心向左。目視雙手（圖 14-1、圖 14-2）。

2. 旋腕擰拳：雙手下沉繞臂旋腕，擰拳上合；左拳上挑，垂肘立拳於左胸前，拳心向外；右拳裡扣於左手腕上，屈臂橫肘於胸前，拳心向外。目視雙拳（圖 14-3）。

圖 14-2

圖 14-3

3. 左轉掤臂：上體微左轉，重心移至左腿，成左偏馬步。同時兩拳在胸前左右拉開，並向左前方掤架。左手立拳垂肘於左後方，右手立拳垂肘於胸前方，略高於肩，兩拳心相對。目視右拳（圖 14-4）。

4. 右轉壓肘：身向右轉，重心移至右腿，成右偏馬步。同時左拳順纏下壓合於胸前，拳心向上；右拳順纏煞腰壓肘於右腰間，拳心向上。目視左拳（圖 14-5）。

5. 馬步撩拳：上體左轉，重心繼續右移。同時左拳回收於小腹，拳心向上；右拳逆纏上撩於右膝前上方，拳心向外，高與耳平。目視右拳（圖 14-6）。

【要點】旋腕撐拳不能成為定式，要與左轉掤拳緊密相連，協調一致；右轉煞腰壓肘時，襠要下沉；兩臂要隨腰帶而形成整體勁。

圖 15-1

十五、背折靠

1. 左轉引臂：身體左轉，重心移至左腿，成左偏馬步。同時左拳逆纏，拳心向下，頂住左腰，撐起左肘；右拳屈臂順纏裡合肘於左胸前，拳心向上。目視右拳（圖 15-1）。

2. 擰腰背靠：身向右轉，重心移至右腿，成右側弓步。同時左肘裡合，右拳逆纏，擰腰背靠，向右後方肘擊，拳心向外，高與耳平，目視左肘（圖 15-2）。

圖 15-2

【要點】背折靠要充分體現擰腰、背靠和肘擊的整體勁；腰向右擰，左肘裡合，右肘後頂主要走腰肘勁；右拳、左肘與左腳尖要形成一條斜線。

十六、青龍出水

1. 右轉衝拳：身微右轉，螺旋下沉。隨體轉同時左拳順纏，從腰間向前頂舉於胸前，拳心向上；右拳順纏，裡合肘下沉於右腰間，拳心向上。目視左拳（圖 16-1）。

圖 16-1

2. **左轉撩拳**：身微左轉，
同時左拳收回左腰間；右拳逆
纏上撩於右膝上方，拳心向
外，高與肩平。目視右拳（圖
16-2）。

3. **收拳撩掌**：上體右轉，
重心快速移至左腿。同時左拳
變掌，向右前方快速甩臂撩
掌，掌心向裡，高與右膝平；
右拳順纏快速回收於左肩前，
拳心向上。目視左掌（圖 16-
3）。

4. **馬步發拳**：身微左轉，
成馬步。兩臂相合，左手隨體
轉快速回抽，掌心貼於小腹；
右拳從左臂裡側逆纏，快速捲
臂前擊於右膝上方，拳心向
外。目視右拳（圖 16-4）。

【要點】（1）收拳撩掌
要快速輕靈，關鍵是左臂要放
鬆，像鞭子一樣甩出去，不能
像棍子一樣僵硬。（2）馬步
發拳要乾脆快捷，力點在右拳
及右小臂外側，要同時抨擊。

十七、白猿獻果

1. **繞臂左轉**：身向左轉，扣右腳開左腳，重心右移。同時左掌變拳，合於左腰間；右拳先順後逆，經胸前向上繞臂旋腕於右肩前上方，拳心向外。目視左前方（圖 17-1）。

2. **提膝衝拳**：身繼續左轉，開左腳，重心移至左腿，右腿上步頂膝，成左獨立步。左拳於腰間不動；右拳順纏走下弧，隨體轉向上衝拳，垂肘立拳於右膝上方，肘膝相合，拳心向裡，高與肩平。目視右拳（圖 17-2、圖 17-3）。

【要點】轉體繞臂開腳上步，提膝頂拳要協調一致。

十八、雙推掌

1. **鏟腳合掌**：身微左轉，左腿屈膝下沉，右腿向右前方（東南）鏟腳。同時雙拳變雙掌，先分臂旋掌，再屈臂合掌於兩耳側。目視右前方（圖 18-1）。

2. **跟步雙推**：身微右轉，重心移至右腿；左腳跟步，落於右腳左後方一腳距離，前腳掌著地，成左虛步。同時雙掌由胸前塌掌前推，虎口相對，掌心斜向前。目視雙掌（圖 18-2）。

【要點】鏟腳時，分臂旋掌；右腳落實後，隨著重心的前移，再屈臂合掌；當重心全部落於右腿時，再塌掌雙掌前推。

十九、三換掌

1. **右轉推收**：重心不動，左腳以前腳掌為軸外碾，身微右轉。同時左掌順纏前搓，掌心向上；右掌也順纏裡收，合於左小臂裡側，掌心向上。目視左手（圖 19-1）。

圖 18-1

圖 18-2

圖 19-1

2. **左轉推掌**：以左腳掌為軸裡合，身微左轉。同時左手順纏回收胸前，掌心向上；右手逆纏翻掌前推，掌心向前，成斜立掌，高與肩平。目視右掌（圖 19-2）。

3. **右轉推掌**：以左腳掌為軸外碾，身微右轉。同時右手順纏回收胸前，掌心向上；左手逆纏翻掌前推，掌心向前，成斜立掌，高與肩平。目視左掌（圖 19-3）。

4. **左轉分掌**：以左腳掌為軸裡合，身向左轉。同時左掌逆纏，下落於左胯旁，掌心向下；右掌逆纏翻掌前推，掌心向前，成斜立掌，高與頭平（圖 19-4）。

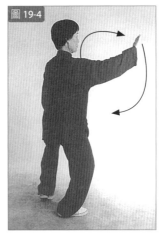

【要點】（1）重心一直在右腿不變，只是轉腰，以左腳掌為軸碾合，身體左右轉動。（2）三掌必須打一個位置。

二十、肘底捶

1. **右轉繞臂**：重心不變，身體右轉。同時左掌先逆後順，隨體轉向外向上繞臂，立掌垂肘合於頭前，掌心向右；右掌隨體轉順纏下落於右胯旁。目視左掌（圖 20-1）。

圖 20-1

2. **肘底看捶**：兩腿屈膝下沉。同時左手立掌垂肘下沉於胸前；右手由掌變拳，拳眼向上，拳心向裡，合於左肘底。目視左掌（圖 20-2）。

圖 20-2

【要點】屈膝下沉與左肘下沉必須同步，並與右拳同時相合於胸前。

二十一、倒捲肱

1. **退步分掌**：重心不變，身微左轉，同時左手回收與右臂合於胸前。左腳向左後方（西北）撤步，前腳掌先著地，踏實後腳尖向前，成右弓步。同時左手逆纏，向左後方（西北）塌掌於左

圖 21-1

胯旁，掌心向下；右手由拳變掌，逆纏翻掌向右前方（東南）推掌，高與肩平，掌心向前。目視右掌（圖 21-1）。

2. 收腳合臂：身體右轉，重心移至左腿，右腳回收至左腳裡側（腳尖點地或可不點地）。

同時兩掌上翻，掌心向上，屈臂合肘回收於胸前。目視右掌（圖 21-2、圖 21-3）。

3. 退步分掌：重心不變，身繼續右轉，右腳向右後方撤步，前腳掌先著地，踏實後腳尖向前，成左弓步。目視左掌（圖 21-4）。

4. 收腳合臂：身微左轉，
重心移至右腿，左腳回收至右
腳裡側。同時兩掌上翻，掌心
向上，屈臂合肘回收於胸前。
目視左掌（圖 21-5、圖 21-6）。

5. 退步分掌：重心不變，
身體繼續左轉，左腳向左後方
撤步，前腳掌先著地，踏實後
腳尖向前，成右弓步。同時左
手逆纏回抽，向左後方塌掌於
左胯旁，掌心向下；高與肩
平。目視右掌（圖 21-7）。

圖 21-5

圖 21-7

圖 21-6

【要點】倒捲肱是以退為進的招法，轉體與合臂，退
步與分掌必須協調一致；力點在前掌。如發勁，可頓後腳
跟，力達前掌。退步分掌定式，重心在前，不得後坐。

圖 22-1

二十二、退步壓肘

1. **轉體繞臂**：身向左轉，重心移至左腿。同時兩手左逆右順向左捋（圖 22-1），身向右轉，重心移至右腿。同時兩手左順右逆向右推擠，左手在腹前，掌心向上；右手在右前方，掌心向外，高與肩平。目視右掌（圖 22-2）。

2. **收腳合肘**：向左轉體，重心移至左腿，右腳回收至左腳裡側，前腳掌著地。同時左手屈臂裡合，沉肩垂肘，橫於左胸前；右手順纏裡合於左肘下方，掌心向上。目視左肘（圖 22-3）。

圖 22-2

圖 22-3

3. 退步發掌：身向右轉，右腳後撤，前腳掌先著地，後頓腳踏實。同時左手逆纏，向左前方快速發掌前推，掌心向外；右手隨體轉快速回抽，掌心向裡貼於右腹。目視左掌（圖 22-4）。

【要點】左肘右掌要有合勁；頓腳發掌，必須同步；勁要整，頓腳時要力達左掌。

二十三、中　盤

1. 轉體右挒：身向右轉，重心後移。同時左手順纏走下弧挒至腹前，掌心向右；右手逆纏向右後採挒於右胯旁，掌心向下。目視左前方（圖 23-1）。

2. **提膝劈掌**：身向左轉，重心移至左腿，右腿提膝上頂。同時左手屈肘繞臂翻掌向上，手背前擊於胸前，掌心向裡；右手先逆後順，繞臂翻掌向上前劈，位於右肩上方，掌心向前。目視左手（圖 23-2）。

3. **合掌震腳**：左腿屈膝下沉，右腳踏地震腳。同時右手順纏前劈，與左手在體前相合。左手在下，掌心向上；右手在上，掌心向左。目視雙手（圖 23-3）。

4. **鏟腳合臂**：重心移至右腿，左腳提起，向左後方鏟出。同時左臂下沉，左手掌心斜向外，指尖斜向下；右手屈臂上合於左臂上方，掌心向下，指尖斜向上。目視左手（圖 23-4）。

5.馬步提手：身向左
轉，重心移至左腿，成左偏
馬步。同時左掌變刁手，屈
臂提腕，向左膝上方掤架，
手略高於頭；右手逆纏向右
下塌掌，略高於右膝。目視
右掌（圖 23-5）。

【要點】左手屈臂提手
上掤要與重心移至左腿協調
一致，力點在左手腕；要沉
肩、垂肘、提腕，不可提
肘。

二十四、閃通背

1.收腳推掌：身微右
轉，重心移至右腿；左腳回
收至右腳裡側，前腳掌著
地。同時左手逆纏繞臂前
推，掌心斜向下；右手順纏
回抽於右腰間，掌心向上。
目視左掌（圖 24-1）。

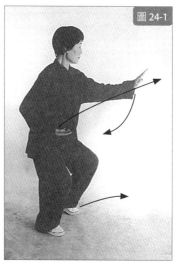

圖 24-2

2. **上步插掌**：左腳上步，成左弓步。同時左手下按於左胯旁，掌心向下；右手從腰間經胸前向前插掌，掌心向上，指尖向前，高與肩平。目視右掌（圖 24-2）。

3. **轉體掄臂**：左腳裡扣，右腳外擺，向右後轉體。同時擰腰翻臂，左手順纏繞臂上托，掌心向上，高與肩平；右手逆纏向上繞臂旋腕翻掌上捋，掌心向上，高過頭。目視左掌（圖 24-3）。

4. **撤步劈掌**：身體繼續右轉（面向西），右腳迅速向後撤步，成左弓步。同時左手經頭上掄臂前劈，掌心向前，高與肩平；右手掄臂下採，掌心向下，位於右腹前。目視左掌（圖 24-4）。

【要點】轉體撤步、掄臂要一氣呵成，速度要快而有力。

圖 24-3

圖 24-4

二十五、掩手肱捶

1. 提膝合臂：重心移至左腿；右腿提膝上頂，成左獨立步。同時兩手翻掌繞臂，左掌右拳屈臂合於腹前右膝裡側，右拳在下，左掌在上按在右小臂上。目視左前方（圖25-1）。

2. 鏟腳擺拳：左腿屈膝下沉，右腳踏地震腳（圖 25-2）；左腳向左前方（西南）鏟出，繼而重心移至左腿，上體微左轉，成左側弓步。同時右拳上提外擺，高與肩平，拳心向上；左掌屈臂橫於胸前，成斜立掌，掌心向外。目視右拳（圖 25-3）。

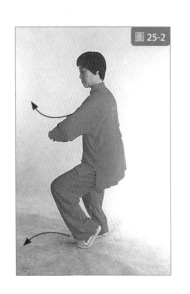

3. 掩手分臂：重心不變，身微右轉。同時左掌逆纏，向左前方掤臂推掌，掌心向外，成斜立掌，高與肩平；右拳內旋下擺回抽於右膝上方，高與腰平，拳心向下。目視左掌（圖25-4）。

4. 右轉收拳：身微右轉，重心移至右腿。同時左掌順纏右引，回收至胸前，掌心向上，指尖向前；右拳先逆纏外掤，再順纏提拳，裡合於胸前，小臂貼於右肋，拳心向上。目視左掌（圖25-5）。

5. 弓步發拳：重心移至左腿，成左側弓步，身體迅速左轉。同時左手快速回抽於左胸，成半握拳，手心輕貼左肋；右拳快速逆纏甩臂向前彈擊，拳心向下，高與肩平。目視右拳（圖25-6）。

【要點】（1）提膝合臂時，膝要有上頂之意，左掌右拳要有下按之意，上下形成合勁。（2）弓步發拳前，必須蓄好

勁，沉肩墜肘，圓襠坐胯，全身捲合，發拳的瞬間肩肘放鬆，讓拳像鏈錘一樣彈出去，快而有力，體現「蓄勁如張弓，發勁如放箭」，剛柔相濟，快慢相間的陳式太極拳特點。

圖 26-1

二十六、六封四閉

1. 收拳掤擠：右拳下落變掌，回收於腹前，與左手手背相合（圖 26-1）重心移至右腿，兩手左順右逆，向右前方掤擠。目視雙掌（圖 26-2）。

2. 提膝托掌：左腳外擺，身向左轉，重心移至左腿，右腿上步提膝，成左獨立步。同時兩手先下後上繞臂劃弧，隨體轉上步提膝，右手屈臂托掌於右膝上方；左手屈臂沉腕刁手於左肩上方，高與頭平。目視右掌（圖 26-3）。

圖 26-2

圖 26-3

3. **鏟腳合掌**：身微左轉，左腿屈膝下沉，右腳向右貼地鏟出。同時兩手旋腕外分，再屈臂合掌於兩耳側，虎口相對，掌心斜向外。目視右前方（圖 26-4）。

4. **虛步按掌**：身向右轉，重心移至右腿，左腳跟步，前腳掌著地，位於右腳裡側，成左虛步。同時兩掌經胸前向右胯前方塌按。目視雙掌（圖26-5）。

【要點】右轉前擠時沉肩鬆胯，身體下沉，不可前傾；左轉刁托要用腰帶；分掌合肘時，不要開得過大，要掌開肘合，掌合肘再開，充分體現開中有合，合中有開。

第三段

二十七、左單鞭

圖 27-1

1. **右轉推收**：身微右轉，右腳不動，左腳以前腳掌為軸外碾。同時兩掌雙順纏，向右前方推搓，左掌在前，右掌貼於左小臂裡側，兩掌心都向上。目視左手（圖 27-1）。

2. **左轉提勾**：重心不變，身向左轉，右腳不動，左腳仍以前腳掌為軸裡合，成左虛步。同時右掌裡旋腕變勾手，向右上方提起，高與肩平；左掌自然下落至腹前，掌心向上，指尖向裡。目視左前方（圖 27-2）。

3. **屈膝鏟腳**：重心全部移至右腿，並屈膝下沉，左腳提起，以腳跟裡側貼地向左鏟出。目視左前方（圖 27-3）。

圖 27-2

圖 27-3

圖 27-4

4. **弓步穿掌**：重心移至左腿，右腳尖裡扣（圖 27-4）。身微右轉，重心移至右腿。同時左手向右胸前穿掌、逆纏外旋。目視左掌（圖 27-5）。

5. **（偏）馬步塌掌**：身微左轉，重心移至左腿，成左偏馬步。同時左手外旋劃弧，向左前方塌掌，高與肩平，掌心向外。目視左掌（圖 27-6）。

圖 27-5

圖 27-6

【要點】右轉前搓時，重心不可後坐；穿掌旋臂重心倒換時，要轉腰鬆胯，以腰帶動，不可來回晃動，保持立身中正和沉穩；左單鞭定式要舒展大方，左掌與肩平，右勾手略高於肩。

二十八、左雲手

1. **繞臂收腳**：身微右轉，重心移至右腿，左腳回收於右腳裡側，前腳掌著地，成左虛步。同時左手順纏裡合，下收於左腹前，指尖向前，掌心向右；右手由勾變掌，逆纏劃弧向右前方推掌，高與肩平，掌心向外，成斜立掌。目視右掌（圖 28-1）。

2. **開步推掌**：右腿屈膝下沉，左腿向左鏟腳開步。同時兩掌向右前掤推，左掌在腹前，掌心斜向上；右掌在右前方，高與肩平，掌心向外，成斜立掌。目視左前方（圖 28-2）。

圖 28-3

3. **插步雲手**：左腳踏實，重心移至左腿，右腳向左腳左後方插步，前腳掌先著地。同時左手順纏向上穿掌，再逆纏繞臂劃弧，向左前方掤臂推掌，高與耳平，掌心向外，成斜立掌；右手順纏繞臂向下，於腹前向左前方橫推掌，掌心向左，指尖向前。目視左掌（圖 28-3）。

4. **開步推掌**：身微右轉，重心移至右腿，左腿向左橫開一步，腳跟先著地。右手順纏向上穿掌，再逆纏向右繞臂劃弧，向右前方掤臂推掌，高與耳平，掌心向外，成斜立掌；左手順纏向右橫推，位於腹前，掌心向右。目視左前方（圖 28-4）。

5. **插步雲手**：（圖 28-5）。

圖 28-5

圖 28-4

6. **開步推掌**：同 4（圖 28-6）。

【要點】雲手要與插步協調一致，連貫流暢，不可間斷或停頓。

二十九、高探馬

1. **跟步推掌**：左腳尖外擺，身向左轉，重心移至左腿，右腳跟步於左腳裡側，前腳掌著地，成右虛步。同時左手先順纏向上，再逆纏向左繞臂劃弧，向左前方掤臂推掌，高與肩平；右手隨體轉上步，順纏裡合前推至腹前。目視左掌（圖 29-1）。

圖 29-2

2. **合臂鏟腳**：身微左轉，重心全部移至左腿，右腳提起向右前方（正南）鏟出。同時右手順纏合於胸前，掌心向上，指尖向前；左手順纏下落，合於右小臂上，成斜立掌。目視右前方（圖 29-2）。

3. **馬步分掌**：身向右轉，重心移至右腿，成右偏馬步。同時兩臂隨體轉雙逆纏向左右分臂劃弧、撐掌。目視右掌（圖 29-3）。

圖 29-3

4. **轉體翻掌**：重心不變，上體繼續右轉，兩臂隨體轉翻掌外展，左手在左前方，右手在右後方，掌心均向上。目視右掌（圖 29-4）。

5. **收腳推掌**：右腳裡扣，合膝轉胯，隨體左轉，重心移至右腿，左腳回收於右腳裡側，前腳掌著地，成左虛步。同時左手屈臂回抽至左腹，掌心向上；右手屈臂合肘，經右耳向胸前推掌，高與肩平，

圖 29-4

掌心向前。目視右掌（圖 29-
5）。

圖 29-5

【要點】馬步分掌要先移
重心，再轉腰分臂撐掌。轉身翻
掌與收腳推掌要協調一致。左手
回收與右手前推，要右胯鬆沉，
隨腰左轉同步完成。

三十、右擦腳

1. 合臂前擠：重心不變，
身微左轉再右轉。同時右手隨
左轉下引回收，與左手相合，
再隨體右轉兩手上提掤臂前
擠。右手在前，掌心向外；左
手在後，掌心向裡；兩手背相
合，高與肩平。目視雙手（圖
30-1）。

圖 30-1

2. 左轉刁托：身向左轉，
重心移至左腿。同時兩掌左逆
右順，向下再向左繞臂劃弧，
左掌變刁手向左前方提刁，高
與肩平；右手屈臂裡合，上托
於胸前，掌心向上，目視右手
（圖 30-2）。

圖 30-2

3. **蓋步合手**：身向右轉，重心前移，左腳上步（蓋步）於右腳右前方。同時左手向上向前繞臂劃弧，右手順纏向前繞臂劃弧，與左手合於胸前。左手在上，掌心向下；右手在下，掌心向上。目視雙手（圖 30-3）。

4. **左轉掤臂**：重心不變，身向左轉，左腳尖外擺，兩腿屈膝下沉。同時兩掌雙逆纏屈臂向上掤架，高與肩平，左掌在上，右掌在下，掌心均向下。目視右前方（圖 30-4）。

5. **分掌拍腳**：身向右轉，重心前移至左腿，立身直起，右腿提膝踢腳，高與肩平，腳尖向前，腳面繃平。同時兩手雙逆纏繞臂分掌，右手向前迎拍腳面，左手向左後分掌，掌心向下。目視右掌（圖 30-5）。

【要點】上步與合掌，轉體與掤架要協調一致。分掌拍腳時立身要穩，上體不可前傾，手與腳要配合好，做到手到腳到，拍腳要乾脆、響亮。

三十一、左擦腳

1. **落腳合掌**：身向右轉，右腳下落於右前方，腳跟先著地。同時兩掌隨體轉雙順纏繞臂劃弧，合於胸前。左手在上，掌心向下，右手在下，掌心向上。目視雙掌（圖31-1、圖31-2）。

圖31-1

圖31-2

2. **右轉掤臂**：重心不變，繼續右轉，右腳尖外擺，兩腿屈膝下沉。同時兩手雙逆纏屈臂向上掤架，高與肩平。左掌在上，右掌在下，掌心均向下；目視左前方（圖31-3）。

3. **分掌拍腳**：身微左轉，重心移至右腿，立身直起，左腿提膝踢腳，高與肩平，腳尖向前，腳面繃平。同時兩手雙逆繞臂分掌，左手向前迎拍腳面，右手向右後分掌，掌心向下；目視左掌（圖31-4）。

圖31-3

圖31-4

【要點】同右擦腳。

三十二、擊地捶

1. **鏟腳右捋**：身微右轉，右腿屈膝下沉，左腳下落回收，並向左前方貼地鏟出。同時兩手隨體轉屈臂回收，並左順右逆向右前方推捋。目視左前方（圖32-1、圖32-2）。

2. **弓步栽捶**：身向左轉，重心移至左腿，成左弓步。同時兩掌變拳，左拳隨重心移至左腿繞臂劃弧，摟膝提拳於左肩前上方，拳心向下，高與頭平；右拳繞臂屈肘，經右耳旁，向胸前下栽（擊），拳心向裡，位於左膝裡側。目視右拳（圖32-3、圖32-4）。

【要點】身向右轉與鏟腳推捋，摟膝提拳與左轉栽拳要協調一致。左轉摟膝應先移重心，肩胯靠再轉腰轉體摟膝栽拳。

三十三、前招後招

1. **轉體提拳**：身向右轉，重心移至右腿，左腳尖內扣。同時，左拳隨體轉下沉於左胯旁，拳心向外；右拳屈臂上提於胸前，拳心向下（圖33-1）。

2. **虛步按掌**：繼續右轉，重心移至左腿，右腳跟提起，腳尖回收（西北），成右虛步。同時兩拳變掌，隨體轉向上向右繞臂劃弧於體右側下按，左掌在腹前，右掌在右胯旁，掌心向下。目視右手（圖33-2）。

3. **鏟腳推掌**：身向左轉，右腳向右前鏟出，腳跟裡側先著地。同時兩掌左逆右順，向左前方推掌。左手在身體左前方，高與肩平，掌心向外，成斜立掌；右手在腹前，掌心向左，指尖斜向下（圖33-3）。

圖33-4

圖34-1

圖34-2

4. 弓步前推：身向右轉，右腳外擺，左腳裡扣，重心前移，成右弓步。同時左掌順纏走下弧推於腹前，掌心向前，指尖斜向下；右掌逆纏走上弧，前推於右膝上方，高與肩平，掌心向前，成斜立掌。目視右掌（圖33-4）。

【要點】繞臂前推要與轉腰轉體協調一致。

三十四、野馬分鬃

1. 提膝托掌：身向左轉，重心移至左腿，右腳蹬地提膝，成左獨立步。同時左手先順後逆旋腕左将，位於左前方，高與耳平，掌心向外，成斜立掌；右手隨提膝順纏，上托於右膝上方，掌心向上，指尖向前，高與胸平。目視右掌（圖34-1）。

2. 弓步穿掌：左腿屈膝下沉；右腿向右前方（西北）上步，重心前移，成右側弓步。同時身微右轉，右掌隨重心前移向前穿掌上托，高與肩平，掌心向上，指尖向前；左掌向左後外撐，高與肩平，掌心向外，成斜立掌。目視右掌（圖34-2）。

3. **轉體左将**：身向左轉，重心移至左腿。同時兩掌左逆右順繞臂左将。左手在左後方，掌心向後，高與肩平；右手屈臂胸前，掌心斜向上。目視右前方（圖34-3）。

圖34-3

4. **提膝托掌**：身向右轉，右腳尖外擺，重心移至右腿，左腿隨體轉上步提膝，成右獨立步。同時兩掌左順右逆繞臂上托，左掌在左膝上方，掌心向上，指尖向前，高與胸平；右掌在右前方，掌心向外，成斜立掌，高與耳平。目視左掌（圖34-4）。

圖34-4

5. **弓步穿掌**：右腿屈膝下沉，左腳向左前方（**西南**）上步，重心前移至左腿，成左側弓步。同時左掌隨重心前移向前穿掌上托，高與肩平，掌心向上，指尖向前；右手向右後外撐，高與胸平，掌心向外，成斜立掌。目視左掌（圖34-5）。

圖34-5

【要點】弓步穿掌，前掌要順纏上托裡合，後掌逆纏下塌外撐，兩手要隨體轉協調一致，形成整勁。

圖 35-1

三十五、雙震腳

1. 轉體右将：身向右轉，重心移至右腿。同時兩手左順右逆隨體轉右将，左手屈臂於胸前，掌心向上；右手将於右前方，掌心向外，高與肩平。目視左手（圖35-1）。

2. 虛步按掌：開左腳，身向左轉，重心移至左腿，左腳踏實，右腳隨體轉向右前方上步，前腳掌著地，成右虛步。同時兩手順纏左移前托，右手在前左手在後，左手貼於右小臂裡側，兩掌心均向上。（圖35-2）繼而，兩腿屈膝下沉，兩手翻掌下按。目視雙掌（圖35-3）。

圖 35-2

圖 35-3

3. 提膝跳托：重心不變；兩腿跳起，右腿提膝上頂，左腿自然下垂。同時兩手翻掌上托，高與頭平。目視雙手（圖35-4）。

4. 震腳按掌：重心不變，身體下落，兩腳左先右後依次震落。同時兩手翻掌下按，高與腰平。目視雙掌（圖35-5）。

【要點】（1）虛步按掌，兩手下按與屈膝下沉要協調一致，不可向前哈腰，向後蹶臀，要保持上體中正。（2）上跳托掌，兩手上托要有合勁，要和身體上跳同步一致。（3）下按時空中翻掌要快，手、腳、身形成整體。

三十六、玉女穿梭

1. 提膝托掌：重心不變，立左腿，提右膝，成左腿獨立。同時兩手雙順纏裡合上托，右手在前，左手在後，掌心均向上，指尖均向前，高與肩平。目視右掌（圖36-1）。

圖 35-4

圖 35-5

圖 36-1

2. 蹬腳分掌：身向左轉，右腳前蹬。同時捌胸分掌，左掌屈臂後撐，右掌捌臂前推，兩掌心均向外，高與肩平。目視右掌（圖36-2、圖36-3）。

3. 躍步架推：身向右轉，右腿落地後蹬起，左腿向前（西）躍步騰空右轉。同時左手隨體轉前推，高與肩平；右手向頭上方翻掌捌架。目視左掌（圖36-4、圖36-5）。

4. 轉身分掌：左腳落地，以前腳掌為軸，腳跟外展，身隨左腳轉體（面南），右腳收於左腳裡側，前腳掌著地，成右虛步。兩掌基本保持不動。目視右掌（圖 36-6）。

【要點】（1）蹬腳分掌要與左轉捌胸協調一致。（2）躍步架推，右腳蹬地、左腿躍步騰空翻轉。動作要敏捷輕靈，意欲衝出包圍。

三十七、懶紮衣

1. 鏟腳合臂：身微左轉，重心移至左腿，右腳提起，腳尖上翹，腳跟裡側貼地向右側鏟腳。同時左手走上弧，右手走下弧，合臂於左胸前；左手立掌合於右小臂上，掌心向右，右手前伸，掌心向上，指尖向前。目視右前方（圖37-1）。

2. 右轉靠擠：重心移至右腿，肩胯整體右靠，成右偏馬步。同時左掌右臂左順右逆向右掤擠。目視右手（圖37-2）。

3. （偏）馬步塌掌：活腰沉胯，身微下沉。左手自然下落至腹前，掌心向上，指尖向裡；右手向右前方螺旋下塌外碾，掌心向外，成斜立掌。高與肩平。目視右掌（圖37-3）。

【要點】右手螺旋下塌外碾，要和身體下沉形成一個整勁。

三十八、六封四閉

1. 旋掌下引：身微左轉，重心移至左腿。同時右掌旋腕走下弧向左引，兩手合於腹前。目視右前方（圖38-1）。

2. 右轉掤擠：身體右轉，重心移至右腿。同時兩手背相合，左順右逆，經胸前向右前方掤擠；右手掌心向外左手掌心向裡，高與肩平。目視兩掌（圖38-2）。

3. 左轉刁托：身體左轉，重心移至左腿。同時兩掌走下弧，經腹前向左前上方刁托。左手由掌變刁手，左臂微屈在左肩前上方；右手順纏上托，右臂裡合肘外折腕托於胸前，掌心向上。目視右前方（圖38-3）。

4. **分掌合肘**：身微左轉，同時兩手旋腕外分，兩肘微微裡合，兩掌心向上，指尖向外，高與肩平。目視右掌（圖38-4）。

5. **虛步按掌**：向右轉體，同時屈臂合雙掌於耳側，兩掌虎口相對，掌心斜向下（圖 38-5）。重心移至右腿，左腳跟半步，前腳掌著地，成左虛步。同時兩掌經胸前向右胯前下按。目視雙手（圖 38-6）。

【要點】右轉前擠時沉肩鬆胯，身體下沉，不可前傾。左轉刁托要用腰帶。分掌合肘時，不要開得過大，要掌開肘合，掌合肘再開，體現開中有合，合中有開。

圖 38-3

圖 38-4

圖 38-5

圖 38-6

第四段

三十九、左單鞭

1. **右轉推收**：身微右轉，右腳不動，左腳以前腳掌為軸外碾。同時兩掌雙順纏，向右前上方推搓，左掌在前，右掌貼於左小臂裡側，兩掌心都向上。目視左手（圖39-1）。

2. **左轉提勾**：重心不變，身向左轉，右腳不動，左腳仍以前腳掌為軸裡合，成左虛步。同時右掌外旋腕變勾手，上提至右前方，高與肩平；左掌自然下落至腹前，掌心向上，指尖向裡。目視左前方（圖39-2）。

3. **屈膝鏟腳**：重心全部移至右腿，屈膝下沉，左腳提起，以腳跟裡側貼地向左鏟出。目視左前方（圖39-3）。

4. 弓步穿掌：重心移至左腿，右腳尖裡扣（圖 39-4）。身微右轉，重心移至右腿。同時左手經右胸前穿掌、逆纏外旋。目視左掌（圖 39-5）。

5. （偏）馬步塌掌：身微左轉，重心移至左腿，成左偏馬步。同時左手外旋向左前方塌掌，高與肩平，掌心向外。目視左掌（圖 39-6）。

【要點】右轉前搓時，重心不可後坐。穿掌旋臂重心倒換時，要轉腰鬆胯，以腰帶動，不可來回晃動，保持立身中正和沉穩。左單鞭定式要舒展大方，左掌與肩平，右勾手略高於肩。

四十、雀地龍

1. **轉體變拳**：身微右轉，重心移至右腿，成右偏馬步。同時兩手隨體轉左掤右捋，繞臂旋掌變拳；左手裡合肘，立拳於胸前，拳心向裡，高與胸平；右手立拳於右前方，拳心向外，高與肩平。目視左拳（圖40-1）。

2. **左轉合臂**：身向左轉，重心移至左腿，成左側弓步。同時右拳順纏，繞臂劃弧於左膝上方，拳心向上；左拳逆纏，繞臂扣於右小臂上，拳心向下。目視雙拳（圖40-2）。

3. **仆步穿拳**：身向右轉，重心移至右腿，右腿屈膝下蹲，成左仆步。同時右拳隨體轉右移，向上伸臂舉拳於右肩上方，高過頭，拳心向左；（圖40-3）。左拳經右肩屈臂下沉於腹前身微左轉，同時左拳順左腿前伸，穿拳於左膝裡側，拳心向上。目視左拳（圖40-4）。

【要點】（1）身向右轉，仆步下勢要與伸臂舉拳同步。（2）眼睛先看右拳上舉，再看左拳前伸。

四十一、上步七星

1. **弓步穿拳**：上體微左轉，左腳外擺，重心前移，成左弓步。同時左拳向前上方穿拳，高與肩平，拳心向裡；右拳向右後方下落，拳心向上，高與腰平。目視左拳（圖 41-1）。

2. **虛步合拳**：重心移至左腿，右腳蹬地上步，前腳掌著地，成右虛步。同時右拳從腰間順纏穿於胸前，與左拳相合，左拳在裡，右拳在外，拳心均向裡。目視雙拳（圖 41-2）。

【要點】（1）重心前移時，左拳前穿與右拳下落要協調對稱。（2）兩拳在胸前相合時兩小臂微沉，外掤。

四十二、小擒打

1. **右轉掤臂**：右腳踏實，腳尖外擺，身向右轉，重心移至左腿，成交叉步。同時兩拳變掌，逆纏外翻，掌心向外，向右前方掤臂撐掌。目視左前方（圖 42-1）。

圖42-2

2. **鏟腳分掌**：重心移至右腿，左腳提起，腳尖上翹，腳跟裡側貼地向左前方鏟出。同時兩手雙逆纏掤臂分掌，左掌順左腿下採，掌心向下，高與左膝平；右掌向右前上方撐掌，掌心向外，高與頭平。目視左掌（圖42-2）。

圖42-3

3. **轉身右引**：左腳踏實，重心移至左腿，身微右轉。同時左手向上向右繞臂右引，立掌垂肘於左胸前，掌心向右，右手順纏下落於右下方，高與腰平，掌心向下。目視左掌（圖42-3）。

圖42-4

4. **弓步橫推**：身體急速左轉，擰腰坐胯，成左側弓步。同時左手快速逆纏向左掤架，屈臂橫掌於左前方，高與肩平，掌心向外；右手從腰間快速向左前方推掌，掌心向左，指尖向上，在左掌下方，高與胸平。目視雙掌（圖42-4）。

【要點】（1）重心移至左腿，但身向右轉，左手右引，這是上引下進的進攻招法，做起來要協調一致，輕鬆自然。（2）擰腰發掌要快速有力，兩掌要隨腰勁齊發。

四十三、右單鞭

1. **抓勾旋掌**：重心不變，身微左轉。同時左手抓勾，上提於左前方，略高於肩；右手順纏向上穿掌，再逆纏外旋於左胸前。目視右手（圖 43-1）。

圖 43-1

2. **（偏）馬步塌掌**：身向右轉，右腳外擺，重心移至右腿，左腳尖裡扣，成右偏馬步。左勾手不變，右手繞臂外掤劃弧，向右前方下塌外碾，掌心向外，成斜立掌，高與肩平。目視右掌（圖 43-2）。

圖 43-2

【**要點**】左轉與抓勾穿掌，右轉塌掌與活腰沉胯要協調一致。

四十四、右雲手

1. **繞臂收腳**：身微左轉，重心移至左腿，右腳回收於左腳裡側，前腳掌著地，成右虛步。同時左勾手變掌，與右掌繞臂左

圖 44-1

捋，左手至左前上方，高與肩平，掌心向外，成斜立掌；右手至腹前，掌心向左，指尖向前。目視左掌（圖 44-1）。

2. **開步推掌**：左腿屈膝下沉，右腳向右鏟腳開步。同時兩掌向左前掤推。左掌在左前上方，高與耳平，掌心向外；右掌在腹前，掌心斜向上。目視右前方（圖 44-2）。

3. **跟步雲手**：右腳踏實，左腳跟步，收於右腳裡側，前腳掌著地，成左虛步。同時左掌順纏繞臂走下弧於腹前，掌心向右，指尖向前；右手逆纏繞臂走上弧於右前上方，高與肩平，掌心向外，成斜立掌。目視右掌（圖 44-3）。

4. **開步推掌**：重心移至左腿，左腳踏實，右腳向右鏟腳開步。同時左手先順後逆，向左前上方推掌，掌心向外，成斜立掌，高與肩平；右手順纏向下，橫推於左腹前，掌心向左，指尖向前。目視右前方（圖 44-4）。

圖 44-2

圖 44-3

圖 44-4

5.跟步雲手：（同上3）（圖44-5）。

6.開步推掌：（同上4）（圖44-6）。

【要點】（1）雲手是太極拳裡唯一的橫向運動，雙眼主要是看進攻的方向（運動的方向），同時要兼顧兩手。（2）兩腳虛實交替運動要與兩手虛實繞臂運動配合協調，運轉連貫自如，不能有間斷、頓銼。（3）右雲手與左雲手一樣，只是運動方向相反，不管是跟步、蓋步、插步，都必須屈膝圓襠，活腰沉胯，這樣才能運轉靈活。

四十五、雙擺蓮

1.跟步雲手：身微左轉，重心移至右腿，左腳跟步，收於右腳裡側，前腳掌著地，成左虛步。同時左掌順纏走下弧於腹前，掌心向右，指尖向前；右手先順後逆，走上弧於前上方，高與肩平，掌心向外，成斜立掌。目視右掌（圖45-1）。

圖45-2

圖45-3

圖45-4

2. **虛步按掌**：左腳踏實，重心移至左腿，右腳提起，向右前方上半步，前腳掌著地，成右虛步。同時兩手向右胯前按掌，掌心向下，指尖向右，高與腰平。目視雙手（圖45-2）。

3. **擺腿拍腳**：重心不變，右腿前伸外擺，腳面繃平。兩手依次迎拍右腳面（圖45-3）。外擺拍腳後，右腿屈膝收回。左手在左前方，高與胸平；右手在胸前，兩掌心均向下。目視雙掌（圖45-4）。

【要點】（1）擺腿拍腳，重心全部移至左腿，立身要穩，拍腳要清脆響亮。（2）擺腿是分，拍腳是合，開要穩，合要準，乾淨俐索。

四十六、當頭炮

1. **撤步掄拳**：重心不變，右腳下落回收，並向右後方撤步，成左弓步。同時兩掌變拳，由後向上掄臂前擊；左拳屈臂垂

肘立於胸前，拳心向裡；右拳在頭前上方，拳心向下。目視左拳（圖46-1）。

2. **轉體收拳：**身向右轉，重心後移至右腿。同時兩拳屈臂回收於右腰間，貼於小腹，拳心均向上。目視左前方（圖46-2）。

3. **弓步衝拳：**身向左轉，重心快速前移，成左弓步。同時兩拳隨體轉前移，快速向胸前衝拳，兩臂微屈，拳心均向裡，高與胸平。目視雙拳（圖46-3）。

【要點】（1）轉體收拳，兩拳合於腰間是蓄勁，弓步衝拳，兩拳要隨體轉前移快速衝拳，是發勁。蓄勁稍慢，發勁必須要快。注意兩拳距離要緊湊，不可過大。（2）當頭炮要充分體現出「捲放蓄發」的剛柔勁。

四十七、金剛搗碓

1. **轉身右捋**：身向右轉，重心後移至右腿；同時兩拳變掌，向右後推捋。目視前方（圖47-1）。

2. **弓步前擠**：身向左轉，重心前移至左腿，成左弓步。同時兩手左逆右順向前塌擠。左手屈臂橫於胸前，掌心向下；右手合於右膝上方，掌心向前。目視正前方（圖47-2）。

3. **虛步撩掌**：重心全部移至左腿，右腳向右前方上步，前腳掌著地，成右虛步。同時兩手雙逆纏，而後右手前撩至胸前，掌心向上，指尖向前，左手前擠後合於右小臂上。目視前方（圖47-3）。

4. 提膝衝拳：左胯塌實，右膝提起。同時，右掌變拳，屈臂上舉，高與耳平，拳心向裡；左手下按至腹前翻掌，掌心向上。目視前方（47-4）。

圖 47-4

5. 砸拳震腳：右拳下落，砸在左掌心。同時右腳踏地震腳，腳尖向前，兩腳距離與肩同寬。目視前方（南）（圖 47-5）。

【要點】砸拳與震腳必須同步。砸拳要有力，震腳要有聲，要全腳掌著地。

圖 47-5

四十八、收　勢

1. **十字掤掌**：重心移至兩腿中間，左掌右拳上托於胸前；右拳變掌，兩臂前伸，兩掌成十字手。目視雙手（圖48-1）。

2. **分掌直立**：兩腿慢慢立起；兩掌逆纏前伸分開，掌心向下。目視雙手（圖48-2）。

3. **落臂並步**：兩臂下落於身體兩側，重心移至右腿，收左腿，並步直立，目視正前方（圖48-3）。

【要點】收勢要緩慢沉穩，自然放鬆；兩臂下落時把氣呼盡，氣沉丹田，全身放鬆。

II 62 式陳式太極劍精解

　　陳式太極劍演練時，注重走纏絲勁，纏繞回旋，連綿不斷；以意領氣，以氣運身，以身運劍，身劍合一；鬆沉彈抖，震腳發力；快慢相間，剛柔相濟。整套動作，輕靈沉穩，舒展大方……

説　明

　　中華武術，如百花園中五彩繽紛的鮮花，既爭奇鬥豔，又各具獨特的風格。特別是陳式太極劍，是在陳式太極拳的基礎上發展起來的器械套路。它以陳式太極拳的身形步法為基礎，配合以劍術的點、刺、崩、撩、劈、掛、削、抹、掃、截、雲、推等技術變化組合，風格獨特，別具一格。

　　在演練時，注重走纏絲勁，纏繞回旋，連綿不斷；以意領氣，以氣運身，以身運劍，身劍合一；鬆沉彈抖，震腳發力；快慢相間，剛柔相濟。整套動作，輕靈沉穩，舒展大方，深受廣大太極拳愛好者的喜愛。特別是陳豫俠老師傳留下來的陳式太極劍，更加引人注目。

　　陳豫俠老師係著名拳師陳發科先生的女兒，自幼從父學藝幾十年，技藝紮實，功底深厚。她所傳的陳式太極劍，姿勢優美、瀟灑大方、鬆柔圓活、動作流暢、節奏鮮明、氣勢宏偉，演練起來給人以美的享受。

　　為了便於學練和教學，繼承和推廣；為了弘揚中華民族文化，推動全民健身運動。我們以陳老師生前來石傳授的陳式太極劍為基礎，參閱其他陳式太極劍套路的有關資料，如陳式太極劍有 49 式、50 式、54 式、57 式等。

　　我們以為，雖然其套路動作名稱叫法不同，前後次序不一，套路式子不等，但其內容基本上是一致的。如「魁星式」，又叫「朝陽劍」；「車輪劍」又叫「青龍擺

尾」；「指路明燈」又叫「仙人指路」；「鷂子翻身」又叫「怪虹翻身」；「左右劈劍」又叫「鍾馗仗劍」；「上步下刺」又叫「羅漢降龍」等等，其基本意思是一樣的。

因此，我們把動作名稱劃分的更細了一些，把運劍的幅度加大了一些，使運劍的姿勢更加舒展大方，輕靈、快捷而連貫，動作瀟灑飄逸，突出陳式太極劍彈抖發力，震腳有聲的獨特風格。

然而，這樣做並沒有改變其內容。如「車輪劍」，分成「左車輪劍」和「右車輪劍」；「鳳凰展翅點頭」分成「鳳凰展翅」和「鳳凰點頭」；「護膝劍」分成「左護膝劍」和「右護膝劍」；「弓步上下刺」分成「弓步上刺」和「弓步下刺」等。

另外，為了充分體現陳式太極劍身劍合一，劍法靈活多變的特點，使套路動作更加准確到位，我們對每一個式子都做了分動提示，並在圖文中對劍的高低與方向、勁路、身型、身法、步型、步法、眼法都做了明確的標記和說明。力求使初學者對陳式太極劍法概念清晰，學練規範。

陳式太極劍的震腳發力等劍法表現很獨特，要掌握這些勁力的蓄發開合，以及將腰勁貫於劍鋒，力達劍尖等技術，全憠於身法的運用。因此，沒有陳式太極拳的基礎，是很難做到的。所以說，學練陳式太極劍最好是先學陳式

太極拳，等有一定基礎後，再學練陳式太極劍。

　　我們的初衷是為繼承和推廣陳豫俠老師的陳式太極劍做點貢獻，也為喜歡陳式太極劍的同道和朋友們提供一點學習參考資料。但由於水準所限，可能不盡其意，不足之處請同道們批評指正。書中示範動作由弟子白海霞演示。

王青甫　趙會珍

白海霞：女，1979 年生，祖籍河北無極，為我們的弟子。曾多次在省、市及國際太極拳比賽中獲得金牌。2000 年 10 月，在中國永年國際太極拳聯誼會上，獲國標 42 式拳第一名，陳式傳統太極拳、劍兩項第一名；2001 年 3 月，在中國海南三亞首屆世界太極拳比賽中獲傳統陳式太極拳、劍一等獎；2003 年 4 月，在河北省首屆全國武術太極拳錦標選拔賽上獲 42 式拳第一名、自選器械第一名；2003 年 11 月，在河北省首屆太極拳展示交流大會上獲 42 式拳、劍第一名。

劍術基本知識

一、劍與劍術

1. 劍術歷史

　　劍是最古老的兵器，它屬於中國武術中短器械的一種。中國最早的劍是在新石器時期作為生產工具的石刃骨劍，到西周時期有了青銅短劍，春秋戰國之後有了鐵製劍。隨著社會的進步，及冶煉技術的不斷提高和作戰搏擊的需要，劍的形制逐漸完善，劍身由短變長（三尺劍），由厚變薄，由笨重變輕靈，使劍的應用更加靈活方便。成為我國古代作戰搏擊格鬥的主要兵器之一。

　　劍術在中國幾千年的發展歷程中，一直按著搏擊格鬥和舞練（套路）兩種形式發展。劍術作為搏擊格鬥的形式，廣泛用於戰爭，並成為軍人武士以及俠士隨身攜帶的防身護身武器；劍術作為舞練（套路）的形式，也隨著社會的發展成了具有獨特體系的「套路運動」。但是到近代槍炮出現後，劍不再是主要作戰兵器，劍術逐漸轉向舞練，成為人們日常的體育項目。以後，為了充分體現劍術的藝術魅力，適合表演與比賽，又配備了劍穗、劍鞘，逐步成為我們今天看到的武術運動應用劍。

　　劍術套路極為豐富，不同的武術門派延續各自相傳的演練技巧與方法，以及風格特點，創編了不同的劍術套路。就武術流派上可分為崑崙劍、峨嵋劍、武當劍、太極

劍、三才劍、七星劍、八仙劍、達摩劍、通背劍、青萍劍等；就劍術的體勢可分為工架劍、行劍、綿劍、醉劍等；就劍術的劍勢可分為單手劍、雙手劍、腰帶劍等；就劍穗的長短又分長穗劍、短穗劍等。

2. 劍的構造

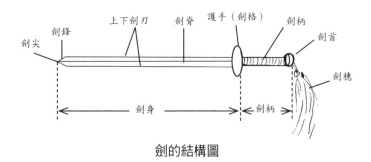

劍的結構圖

劍的構造主要包括：劍身、劍柄兩大部分（見上圖）。

（1）**劍身**：由劍尖、劍刃、劍鋒、劍脊構成。

（2）**劍柄**：由護手（劍格）、劍柄、劍首構成。

其次還有附屬件：劍穗、劍鞘。

3. 佩劍要求及部位性能

現代武術運動中的用劍的要求，按照《國家武術競賽規則》的規定，劍的長度一般以演練者直臂垂肘反持劍姿態時，劍尖不低於本人的耳輪上端為准。

劍的重量（包括劍穗），規定成年男子不得輕於 0.6公斤；女子不得輕於 0.5 公斤（指比賽用劍）。

與其它兵器相比，劍的特點是手柄短、劍身長、帶尖、兩面有刃，扁薄而有韌性，使用靈活，故有「短兵器

之帥」之稱。

　　劍器各部位的性能各有不同：劍的兩刃主劈、斬、抹、帶，劍鋒呈斜形，主點，劍尖銳利，主刺。劍的前端主撩、掃，劍的中段主劈、砍、斬、抹、帶，劍的後端主推、托、截攔；劍格主要作用就是護手；劍柄是便於把握，劍穗主要是裝飾作用，以增加劍術舞練的美感。

二、劍的持握方法

1. 劍　指

　　劍指的握法是食指與中指併攏伸直，無名指和小拇指屈於手心，大拇指壓於無名指與小拇指的第一指節出（見右圖）。劍指也稱劍訣，在套路中，一般起勢與收式時是右手成劍指，演練時是左手成劍指。

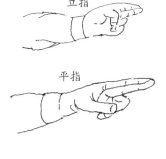

　　劍指在劍術的演練中非常重要。劍指必須與身、劍運行協調一致，才能充分表現出劍姿的完美。

2. 持　劍

　　護手握於掌心，食指伸直按於劍柄，大拇指與虎口卡於護手上方，中指、無名指與小拇指三指並攏，扣握於護手的另一側。劍脊貼於小臂後側（見右圖）。

3.握　劍

握劍一般以右手握劍演練為例。

握劍方法分為：滿把握劍、螺把握劍、鉗把握劍和刁把握劍。

（1）滿把握劍

全手掌握劍。食指、中指、無名指、小拇指四指併攏緊握劍柄，大拇指扣壓於食指第二指節上，虎口貼靠護手（見左圖）。

（2）螺把握劍

全手掌握劍柄。伸臂垂腕，虎口下沉。大拇指伸直貼近食指指尖。食指、中指、無名指、小拇指依次呈螺旋形。食指第二節貼靠護手（如左圖）。

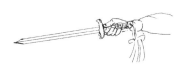

（3）鉗把握劍

以拇指、食指和虎口的挾持勁，將劍柄鉗住。中指、無名指、小拇指自然放鬆，附於劍柄上。一般用於雲劍、崩劍、挑劍（如左圖）。

（4）刁把握劍

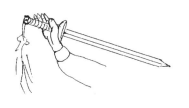

以虎口挾持，將劍柄刁住。以大拇指、食指和中指自然伸直輕貼劍柄；無名指、小拇指自然鬆離劍柄。一般用於掛劍或仰把握劍（如右圖）。

三、劍術基本技法

劍術的技法繁多，這裡只介紹本書套路中所涉及的主要技法。

1.劈　劍

圖1

劍自上而下為劈。力達劍身。有掄劈、側劈、翻身劈等。將劍掄一個立圓，隨身法變化，向前或左、右前下方劈劍。如翻身劈劍、左右劈劍等（圖1）。

2. 點　劍

　　伸臂提腕，使劍尖由上向前下方點擊，力達劍鋒。如虛步點劍（圖2）。

3. 撩　劍

　　劍由後走下弧，向前上方撩劍為正撩。劍由前走下弧向右後方撩劍為反撩。力達劍身前端。如鳳凰展翅（圖3）。

4. 崩　劍

　　用腕部的力量使劍尖由下向上快速上挑，力達劍鋒和劍身前端。如金雞抖翎的第一動作（圖4）。

5.架　劍

劍刃向上，劍身橫向上平舉為架。力達劍身。劍高過頭。如魁星式（圖5）。

6.雲（撥）劍

劍在頭前上方平圓環繞為雲。力達劍身。如白猿獻果（圖6）。

7.刺　劍

或立劍或平劍向前方或斜上方、斜下方直出為刺。力達劍尖。臂和劍要形成一條直線。有平刺、上刺、下刺等。如青龍出水、弓步上刺、哪吒探海等（圖7）。

8. 掛　劍

劍柄向上，劍尖向下為掛劍。力在劍身。如金鐘倒掛（圖8）。

9. 削　劍

劍由前下方經胸腹前，向前上方（**左或右**）斜出為削。如斜飛式（圖9）。

10. 帶　劍

平劍，隨身左右回轉，屈臂回抽，走劍刃為帶劍。一般劍不過胸，劍尖斜向前，力達劍身。如落花式的退步帶劍（圖10）。

11. 掃　劍

平劍，手心向上或向下，劍隨身向左右旋轉，平行劃弧，高度一般與腰或膝平。力達劍身前端。如橫掃千軍、撥草尋蛇等（圖 11）。

12. 托　劍

劍刃向上，劍身橫平向上舉為托。力達劍身根部。一般都是雙手持劍，劍與頭平，手心向裡。如「左、右托千斤」、「金雞獨立」等（圖 12）。

13. 推　劍

平劍或立劍，劍刃向外，將劍身平行前推。力達劍身。如金雞抖翎（圖 13）

14. 截 劍

劍身斜向上或斜向下的向外推劍為截劍。力達劍身。如左右護膝劍（圖14）

15. 抹 劍

劍隨身轉，向身的左或右弧形回抽為抹，力在劍身。如磨盤劍（圖15）。

16. 挑 劍

劍尖由下向上，弧形上撩為挑。力達劍尖、劍鋒。如犀牛望月（圖16）。

62 式陳式太極劍劍譜

第一段

一、預備勢　　二、東峰銜日　三、仙人指路
四、肘底藏花　五、魁星式　　六、哪吒探海
七、青龍出水　八、左護膝劍　九、右護膝劍
十、閉門式

第二段

十一、青龍出水　十二、翻（回）身劈劍
十三、躍步平刺　十四、斜飛式　　十五、鳳凰展翅
十六、鳳凰點頭　十七、撥草尋蛇　十八、金雞獨立
十九、哪吒探海　二十、蓋攔式　二十一、古樹盤根
二十二、餓虎撲食

第三段

二十三、左車輪劍　二十四、右車輪劍
二十五、倒捲肱　　二十六、野馬跳澗
二十七、弓步點劍　二十八、白蛇吐信
二十九、左劈劍　　三　十、右劈劍
三十一、虛步亮劍　三十二、上步下刺
三十三、黑熊反背　三十四、燕子啄泥

第四段

三十五、回身點劍　三十六、鷹熊鬥智
三十七、燕子啄泥　三十八、靈貓撲鼠
三十九、金雞抖翎　四　十、海底撈月
四十一、哪吒探海　四十二、犀牛望月
四十三、勁風偃草

第五段

四十四、斜飛式　　四十五、左托千斤
四十六、右托千斤　四十七、左截腕
四十八、右截腕　　四十九、橫掃千軍
五　十、金鐘倒掛　五十一、退步點劍
五十二、白猿獻果

第六段

五十三、落花式　　五十四、弓步上刺
五十五、弓步下刺　五十六、斜飛式
五十七、探身平刺　五十八、鷂子翻身
五十九、黃龍出洞　六　十、磨盤劍
六十一、金針指南　六十二、收勢（收劍還原）

動作名稱及分動提示

第一段

一、預備勢（面南）

1.並步直立　2.開步站立

二、東峰銜日

1.屈膝繞臂　2.上步前指　3.右轉展臂　4.虛步合手

三、仙人指路（面東）

1.左轉擺腿　2.並步前指

四、肘底藏花

1.上步平展　2.歇步藏劍（交劍）

五、魁星式

1.立身前刺　2.提膝架劍

六、哪吒探海

1.轉身合劍　2.分臂下刺

七、青龍出水

1.左轉扣劍　2.弓步平刺

八、左護膝劍

1.上步帶劍　2.提膝掛劍　3.弓步撩劍

九、右護膝劍

1.右轉掄劍　2.提膝帶劍　3.弓步撩劍

十、閉門式

1.回身點劍　2.虛步架劍

第二段

十一、青龍出水
1. 鏟腳沉劍　2. 弓步平刺

十二、回（翻）身劈劍
1. 扣腳抽劍　2. 提膝掛劍　3. 弓步下劈

十三、躍步平刺
1. 左轉平帶　2. 右轉回抽　3. 提膝躍步　4. 弓步平刺

十四、斜飛式
1. 收腳開臂　2. 鏟腳合手　3. 弓步斜削

十五、鳳凰展翅
1. 左轉抽劍　2. 歇步反撩

十六、鳳凰點頭
1. 撤步左撩　2. 弓步反點

十七、撥草尋蛇
1. 左轉帶劍　2. 虛步撩劍　3. 鏟腳壓劍　4. 左轉平掃

十八、金雞獨立
1. 翻身掄劍　2. 提膝托劍

十九、哪吒探海
1. 上步沉劍　2. 提膝下刺

二十、蓋攔式
1. 撤步合手　2. 虛步抽劍

二十一、古樹盤根
1. 右轉合手　2. 歇步架劍

二十二、餓虎撲食（面東）
1. 上步捧劍　2. 弓步平刺

第三段

二十三、左車輪劍

1. 左轉帶劍　2. 上步撩劍

二十四、右車輪劍

1. 右轉掄劍　2. 撤步撩劍

二十五、倒捲肱

1. 虛步抽劍　2. 轉身平抹　3. 退步撩劍　4. 退步橫抹

二十六、野馬跳澗（面西）

1. 提膝捧劍　2. 躍步（騰空）平刺

二十七、弓步點劍

1. 虛步收劍　2. 弓步點劍

二十八、白蛇吐信（面東）

1. 回身帶劍　2. 仆步壓劍　3. 並步平刺

二十九、左劈劍

1. 撤步（托）推劍　2. 右轉撥劍　3. 提膝掄劍

4. 震腳劈劍

三十、右劈劍

1. 撤步推劍　2. 左轉撥劍　3. 提膝掄劍　4. 震腳劈劍

三十一、虛步亮劍（東南）

1. 上步分手　2. 跟步合手　3. 虛步架劍

三十二、上步下刺

1. 提膝合手　2. 弓步下刺

三十三、黑熊反背（西北）

1. 右轉提收　2. 提膝掛劍　3. 弓步劈劍

三十四、燕子啄泥（東南）

1. 轉身帶劍　2. 虛步點劍

第四段

三十五、回身點劍（西北）

1. 轉身提劍　2. 歇步回點

三十六、鷹熊鬥智

1. 撤步回帶　2. 提膝掛劍　3. 歇步穿劍

三十七、燕子啄泥（西南）

1. 上步掛劍　2. 轉身下刺　3. 虛步點劍

三十八、靈貓捕鼠

1. 收腳掛劍　2. 撤步穿劍　3. 弓步刺劍

三十九、金雞抖翎

1. 馬步立劍（崩劍）　2. 左轉合抱　3. 馬步分劍

四十、海底撈月

1. 提膝收劍　2. 弓步下撈　3. 提膝托劍

四十一、哪吒探海

1. 上步沉劍　2. 提膝下刺

四十二、犀牛望月

1. 回身撩劍　2. 上（叉）步挑劍　3. 歇步回刺

四十三、勁風偃草

1. 撤步前帶　2. 歇步下（抹）掃

第五段

四十四、斜飛式

1. 鏟腳合手　2. 弓步斜削

四十五、左托千斤

1. 上步合劍　2. 提膝托劍　3. 震腳沉劍　4. 弓步推托

四十六、右托千斤（西北）

1. 上步帶劍　2. 提膝合劍　3. 震腳沉劍　4. 弓步推托

四十七、左截腕

1. 右轉沉劍　2. 虛步橫點

四十八、右截腕

1. 轉體橫帶　2. 虛步橫點

四十九、橫掃千軍（西南）

1. 鏟腳分臂　2. 弓步橫掃

五十、金鐘倒掛

1. 並步掛劍　2. 退步掛劍　3.（轉體）虛步掛劍

五十一、退步點劍

弓步前點

五十二、白猿獻果（面西）

1. 仰身雲撥　2. 上步捧劍　3. 歇步平刺

第六段

五十三、落花式

1. 撤步回帶　2. 收腳扣劍　3. 分臂橫掃

五十四、弓步上刺

1. 提膝捧劍　2. 弓步上刺

五十五、弓步下刺

1. 回身抽劍　2. 弓步下刺

五十六、斜飛式

1. 弓步斜削

五十七、探身平刺（面西）

1. 提膝捧劍　2. 虛步沉劍　3. 提膝捧劍　4. 探身平刺

五十八、鷂子翻身

1. 退步抽劍　2. 翻身掛劍　3. 弓步掄劈

五十九、黃龍出洞（面南）

1. 左轉帶劍　2. 右轉回抽　3. 並步平刺

六十、磨盤劍

1. 鏟腳抽劍　2. 右轉扣劍　3. 轉體平帶　4. 後掃平抹

六十一、金針指南

1. 虛步捧劍　2. 弓步平刺

六十二、收勢（收劍還原）

1. 虛步抽劍　2. 左轉分臂　3. 開步站立　4. 並步直立

動作與圖解說明

第一段

一、預備勢（面南）

1. 並步直立：兩腳併攏，面南直立，兩臂自然下垂於身體兩側。左手持劍，反握劍柄，劍身輕貼於左臂後面，劍尖向上；右手握成劍指，指尖向下，手心向後。目視正前方（圖1-1）。

2. 開步站立：重心移至右腿，左腳向左側橫開半步，兩腳距離與肩同寬，腳尖均向前。目視正前方（圖1-2）。

【要點】立身中正安舒，精神集中，呼吸自然，全身放鬆。左手持劍要使劍背輕貼於左臂後面，不可使劍刃觸及身體。劍尖直立向上。

二、東峰銜日

1. 屈膝繞臂：兩腿屈膝下沉，同時右手劍指由下經胸前向右前上方繞臂劃弧，高與肩平，手心向外。目視右手（圖2-1）。

2. 上步前指：身微右轉，重心移至左腿。右手劍指順纏，向下向前繞臂前指，高與胸平，手心向上；同時右腳隨右手前指，向前上步，腳跟著地。目視右手（圖2-2）。

3. 右轉展臂：右腳尖外擺並踏實，身向右轉，重心前移至右腿，兩腿交叉，屈膝下沉。同時右手劍指隨體轉逆纏繞臂，向右後劃弧於右肩右前方，高與肩平，手心向外；左手持劍隨體轉前伸，劍柄向前，劍尖朝後，劍背輕貼左臂，高與肩平。先視右手，後視左手（圖2-3）。

4. **虛步合手**：重心全部移至右腿，左腳向前上步，前腳掌著地，成左虛步。同時左手持劍，屈肘裡合於胸前，劍身輕貼於小臂外側，橫於胸前，劍刃向上，劍尖朝前；右手屈臂裡合，貼於左手外側，手心向裡，指尖向前。目視劍尖（圖2-4）。

【要點】（1）轉身帶劍和運劃劍指要以腰為軸。（2）上體要保持中正，不可前俯後仰，左右晃動。

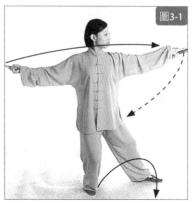

三、仙人指路

1. **左轉擺腿**：身向左轉（面東），左腳提起，隨轉體向左擺腿上步，腳跟著地。同時左手握劍，向左甩臂劃弧，高與肩平，手心向下，劍壓臂下，劍柄向前；右手向右平伸，掌心向上，劍指向右。目視左手（圖3-1）。

圖3-2

2. 並步前指：左腳踏實，重心前移至左腿，並屈膝下沉，右腳提起，上步於左腳裡側，並步震腳。同時左手持劍，自然下落於身體左側，劍尖向上；右手劍指屈臂，經右耳旁向胸前平指，手心向下，高與肩平。目視右手劍指（圖3-2）。

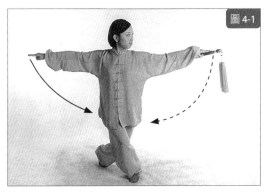

圖4-1

【要點】

左轉、擺腿、甩臂要同步，協調一致；並步震腳與右手前指要同步完成。

四、肘底藏花

1. **上步平展**：身向右轉，重心移至左腿，右腳向前上半步，腳跟先著地，腳尖外擺，兩腿屈膝交叉。同時左手持劍向前平舉，手心向下，劍柄向前，劍身在左臂下，高與肩平；右手劍指隨轉體回抽向右伸展，手心向下，劍指向後，兩臂平展。目視左手（圖4-1）。

2. **歇步藏劍（交劍）**：重心不變，兩腿屈膝下蹲，成歇步。同時左手持劍，屈臂回收於腹前，手心向下，劍壓肘下，劍尖向左（東）；右手劍指屈臂走下弧，回收於左手劍柄之下，手心向上，指尖向前，準備交劍。目視左前方（圖4-2）。

圖 4-2

【要點】屈膝下蹲與左手握劍與右手劍指腹前相合要協調一致。

圖 5-1

五、魁星式

1. **立身前刺**：立身站起，身微左轉。同時交劍於右手，手心向上，伸臂前刺；左手變劍指，合於右臂上，手心向下。目視劍尖（圖5-1）。

圖 5-2

2. **提膝架劍**：重心移至右腿，身向右轉，左膝提起，膝高過腰。同時右手持劍逆纏翻腕，回抽上架於頭上方，劍尖向左（東），左手劍指順劍身伸臂前指，劍指向上，手心向前。目視劍尖（圖5-2）。

【要點】（1）左膝上頂與左肘相合，左腳自然下垂。（2）右手持劍回抽上架與左手劍指前伸要協調對稱。

六、哪吒探海

1. 轉身合劍：右腿獨立不變，上體右轉，右腿屈膝下沉。同時右手持劍，從上向下繞臂，回收於右腹前，手心向上，劍尖斜向右前下方（西南）。左手劍指屈臂回收，按於右手腕上，手心向下。目視劍尖（圖6-1）。

圖 6-1

2. 分臂下刺：身微左轉。同時右手持劍，向右前下方探身下刺，力達劍尖，手心斜向上，劍尖斜向下；左手劍指逆纏，向左上方掤舉，手心向外，劍指斜向上。目視劍尖（圖6-2）。

圖 6-2

【要點】（1）右腿屈膝下沉時，左手劍指回收與右手持劍屈臂回收要協調一致。

（2）探身下刺要與左手劍指上舉同步，方向相反，協調對稱。

（3）左手劍指和右手臂都不可過直。

七、青龍出水

1. 左轉扣劍：身向左轉。右手持劍快速翻腕裡扣，向左擺劍於右胯旁，劍身水平，劍尖向左，手心向下；左手屈臂自然下落於左前方，手心向外（圖7-1）。左腳下落並向左前方鏟出，腳跟裡側先著地。目視左前方（圖7-2）。

2. 弓步平刺：身繼續左轉（面東），重心移至左腿，成左弓步。同時右手持劍，順纏翻腕，經右腰間向胸前平刺，手心向上，劍尖向前（東）；左手劍指隨體轉前移，上舉於左額上方，高過頭，手心向外，劍指斜向上。目視劍尖（圖7-3）。

【要點】左轉扣劍，要運用小臂和腕部的力量快速抖腕扣劍。弓步平刺，要隨體轉重心前移，以腰帶劍，螺旋前刺。

八、左護膝劍

1.上步帶劍：身向左轉，重心後移至右腿。左腳尖外擺，重心再前移至左腿，左腳踏實，右腳上步，腳跟先著地。同時右手持劍，隨體轉向左上方屈臂回抽於左胸前，手心向裡，劍尖斜向上；左手劍指屈臂，按於右手腕部，手心向外。目視劍尖（圖8-1）

2. 提膝掛劍：右腳外擺，身向右轉，重心前移至右腿，左腿經右腳裡側向前，提膝上步，腳不落地，成右腿獨立。同時雙手持劍，繞臂走下弧掛劍於左膝上方，劍身平貼左腿外側，高與胸平，手心向右，劍尖斜向下。目視劍尖（圖8-2）。

3. 弓步撩劍：左腳上步，重心前移至左腿，成左弓步。同時雙手持劍，隨上步伸臂前推上撩於左前方，高與肩平，手心向右，劍尖向前下方。目視劍尖（圖8-3）。

圖 8-1
圖 8-2
圖 8-3

【要點】（1）左轉上步與帶劍要協調一致。（2）提膝與掛劍要同步。不可先上步，或先撩劍而失去護膝劍的內涵。

圖 9-1

圖 9-2

圖 9-3

九、右護膝劍

1. **右轉掄劍**：身向右轉，重心後移至右腿。同時雙手持劍走上弧，向右後方繞臂掄劍，至右膝上方，手心向外，劍尖斜向上。目視劍尖（圖9-1）。

2. **提膝帶劍**：身向左轉，重心前移至左腿，右腿經左腳裡側向前提膝上步，腳不落地，成左腿獨立。同時右手持劍，隨體轉上步向右繞臂再屈臂，走下弧，帶劍於右膝前上方，劍身貼於右腿外側，劍尖斜向下；左手劍指隨體轉上引於頭左上方，高過頭，手心向外。目視劍尖（圖9-2）。

3. **弓步撩劍**：右腳上步，重心移至右腿，成右弓步。同時右手持劍，隨上步伸臂前推，上撩於右肩前方，高與肩平，手心向上，劍尖斜向前下；左手劍指隨體轉上引於頭左上方，手心向外，劍指斜向上。目視劍尖（圖9-3）。

【要點】（1）右轉繞臂掄劍要與重心移至右腿協調一致。（2）提膝帶劍要同步。

圖 10-1

十、閉門式

1. 回身點劍：

開左腳，扣右腳，身向左後轉180 度，重心移至左腿，成左弓步。同時右手持劍，走上弧，向左後掄臂點劍於左膝上方，高與腰平，劍尖斜向下；左手劍指按於右手腕上。目視劍尖（圖 10-1）。

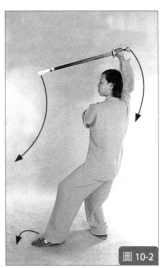

圖 10-2

2. 虛步架劍：身向右轉，

重心後移至右腿；左腳回收半步，前腳掌著地，成左虛步。同時雙手持劍，逆纏翻腕屈臂沉劍，回抽上架於右肩前上方，高過頭，手心向外，劍尖微向左下。目視前方（圖 10-2）。

【要點】（1）開腳扣腳，轉體，重心移至左腿要和掄臂點劍協調一致。（2）右轉收腳抽劍、下沉、上架要用腰帶，協調連貫。

圖 11-1

第二段

十一、青龍出水

1. **鏟腳沉劍**：右腿屈膝下沉，左腿提起，向左前方鏟腳上步。身向左轉，同時雙手持劍，屈臂翻腕順纏裡合下沉於右腰間，劍尖向左，右手手心向上，左手劍指按於右手腕上。目視左前方（圖 11-1）。

2. **弓步平刺**：身繼續左轉，重心前移至左腿，成左弓步。同時右手持劍，隨體轉前移從腰間向胸前平刺，手心向上，劍尖向西。左手劍指掤臂上舉於頭左上方，手心向上，劍指斜向外。目視劍尖（圖 11-2）。

圖 11-2

【要點】弓步平刺要隨腰轉螺旋前刺，充分體現陳式太極劍鬆活彈抖，身劍合一的特點。

十二、回（翻）身劈劍

1. 扣腳抽劍：身向右轉，重心後移至右腿，左腳裡扣。同時右手持劍，隨重心後移，屈臂回抽於腹前，手心向上，劍尖向左；左手劍指下按右手腕上，手心向下。目視劍尖（圖 12-1）。

2. 提膝掛劍：身微左轉，重心移至左腿；右腳回收半步，前腳掌著地，成右

虛步。同時右手持劍上提翻腕，掛劍於體前左側，手心向外，劍尖斜向左下方；左手劍指翻腕下沉於左腰間，手心向上。目視劍尖（圖 12-2、圖 12-3）。

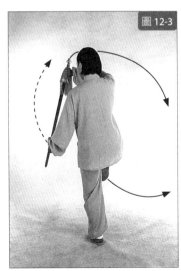

3. **弓步下劈**：身向右轉，右腳向右前方上步，重心右移至右腿，成右側弓步。同時右手持劍，經頭前向右下方掄劈於右膝前方，高與腰平，劍尖向東偏北；左手劍指由下向上劃弧，翻腕於頭左上方，手心向上，劍指向右。目視劍尖（圖12-4）。

【要點】回身劈劍，要力達劍刃；左手劍指與右手持劍上下回繞掄劈要協調對稱。

十三、躍步平刺

1. **左轉平帶**：開左腳，扣右腳，身向左轉（面西），重心移至左腿，成左偏馬步，同時右手持劍，隨體轉向左平帶，劍尖向西，左手劍指隨即屈臂下落左胯前。手心仍向上，劍指向前。目視劍尖（圖13-1）。

2. **右轉回抽：**身微右轉，重心移至右腿。同時右手持劍，隨體右轉回抽於右腰間，手心仍向上，劍尖向左；左手劍指隨轉體前伸於左膝上方，高與胸平，手心向上，劍指向前。目視左前方（圖 13-2）。

3. **提膝躍步：**身微左轉，重心前移至左腿，右腳向前提膝躍步，左腳緊跟跳起，兩腿在空中上步，目視前方（圖 13-3a、13-3b、13-3c 空中連續動作）提膝躍步也可以作成提膝震腳（圖 13-3）。

4.弓步平刺：右腳、左腳依次下落，成左弓步。同時右手持劍，隨重心前移至左腿，向胸前平刺，手心向上，高與胸平。左手劍指隨右手持劍前刺，回抽於左腰間，手心向上。目視劍尖（圖13-4、圖13-5）。

【要點】（1）此勢可躍步平刺，也可震腳平刺。（2）右手持劍前刺，要與左手劍指回抽協調一致，刺劍發力走腰勁，力達劍尖。（3）右手持劍前刺，手臂不可伸的過直。

十四、斜飛式

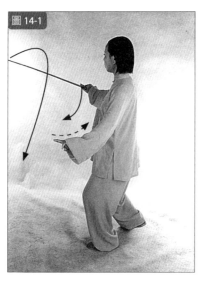

1.收腳開臂：重心全部移至左腳，右腳提起，收於左腳裡側。左手劍指與右手持劍同時向外分臂，手心均向外。目視劍尖（圖14-1）。

2. **鏟腳合手**：身微左轉，右腳提起並向右前方（東北）鏟腳。同時右手持劍，與左手劍指雙順纏劃弧，相合於左腹前，右手心向上，左手心向下，劍尖斜向左前下方。目視劍尖（圖 14-2、圖 14-3）。

3. **弓步斜削**：右腳尖外展，左腳裡扣，重心移至右腿，成右側弓步。同時右手持劍隨體轉右移，向右前上方斜削於右肩前上方，高與頭平，手心向上；左手劍指下按於左膝前上方，手心向下。目視劍尖（圖 14-4）。

【要點】（1）斜飛式的劍、臂、身要成一條斜線，但兩臂不可伸的過直。（2）左腿不可蹬的過直，要鬆左胯，左膝微屈成側弓步。

十五、鳳凰展翅

1. **左轉抽劍**：身向左轉，重心移於左腿，同時右手持劍，隨體轉屈臂走上弧，回抽於左胸前，手心向裡，劍尖斜向上；左手劍指屈臂，合於右手腕上。目視劍尖（圖 15-1）。

2. **歇步反撩**：身向右轉，重心移至右腿，左腳提起，向右腿後方插步下蹲，成歇步。同時右手持劍，由左向下向右上方劃弧反撩，手心向後，高過頭，左手劍指展臂上翻，至左額左前方，身微前傾下合。目視劍尖（圖 15-2）。

【要點】（1）插步下蹲要與右手持劍反撩，左手劍指展臂上翻協調一致。（2）劍與兩臂成一斜線，劍尖向上不可過高，30 度為宜。

十六、鳳凰點頭

1. **撤步左撩：**立身站起，右腳向右後方撤步。同時右手持劍走下弧，屈臂左撩於胸前，手心向裡，劍尖向左下方；左手劍指合於右手腕上。目視劍尖（圖 16-1）。

2. **弓步反點（刺）：**右腳尖外擺，左腳裡扣，身向右轉，重心移至右腿，成右側弓步。同時兩手持劍，經胸前屈臂立腕向右點刺，右手心向裡；左手心向外。目視劍尖（圖 16-2）。

【要點】弓步反點要力達劍尖。

圖 17-1

十七、撥草尋蛇

1. **左轉帶劍**：身向左轉，重心移至左腿。同時雙手持劍，隨體轉向左劃弧帶劍至左肩前方，劍尖斜向上，右手心向裡，左手心向外。目視右前方（圖 17-1）。

2. **虛步撩劍**：身向右轉，右腳尖外擺，重心移至右腿，左腳經右腳裡側向左前方上步，前腳掌著地，成左虛步。同時雙手持劍，由左下經體前向右上繞臂撩劍，至頭右上方，手心向外，劍刃向上，劍尖向左；左手劍指附於右小臂上。目視左前方（圖 17-2）。

3. **鏟腳壓劍**：身繼續右轉，右腿屈膝下沉，左腳向左前方鏟出。同時兩手持劍，向右繞臂下劈至右膝裡側，高與膝平，劍刃向下，劍尖向右前方；左手劍指仍附於右小臂上。目視劍尖（圖 17-3）。

圖 17-2

圖 17-3

4. 左轉平掃：身向左轉 180 度。左腳外擺，重心移至左腿，並屈膝下沉；右腳經左腳裡側向右後方鏟腳上步。同時兩手持劍隨體轉上步，由右向左經體前平掃 270 度，至左膝裡側，高與膝平，劍尖向左（西北）。目視劍尖（圖 17-4）。

【要點】（1）此勢左手劍指一直附於右手臂或腕部，等於雙手持劍。（2）轉體上步，要與掃劍協調一致。

十八、金雞獨立

1. 翻身掄劍：開右腳，扣左腳，重心移至右腿，身向右轉 180 度。同時兩手持劍，隨體翻身右轉，掄劍下劈至右前方。目視劍尖（圖 18-1、圖 18-2）。

圖 18-3

圖 19-1

圖 19-2

2. 提膝托劍：身微左轉，重心移至左腿；右腿提膝上頂，成左獨立步。同時兩手持劍，順纏裡合翻腕向上托劍於頭前，高與頭平，劍刃向上，劍尖向右前方（東偏南）。目視劍尖（圖 18-3）。

【要點】（1）此勢雙手持劍，隨體轉翻身掄劍，以腰帶劍要有整體勁。（2）提膝與托劍要同步，力在劍刃後端。

十九、哪吒探海

1. 上步沉劍：左腿屈膝下沉，右腿向右前方上步。同時雙手持劍，屈臂下落於腹前，手心向上，劍尖斜向右前下方。目視右前方（圖 19-1）。

2. 提膝下刺：重心移至右腿，左膝提起，身微左轉。同時右手持劍，向右前下方探身刺劍，手心向上；左手劍指向左上方逆纏分臂掤舉，高過頭，手心向外，劍指向上。目視劍尖（圖 19-2）。

【要點】（1）身略前傾，但不可低頭哈腰。（2）右手持劍下刺要與左手劍指上舉對稱同步，協調一致。此勢也可發力，力達劍尖。

圖 20-1

二十、蓋攔式

1. 撤步合手：左腳下落，向後撤步，前腳掌著地，重心仍在右腿。同時右手持劍回收，與左手劍指屈臂下落合於腹前，左手附於右手腕上，兩手心均向下，劍尖向前。目視劍尖（圖20-1）。

圖 20-2

2. 虛步抽劍：左腳踏實，重心後移至左腿，右腳隨重心後移，擦地回抽半步，前腳掌著地，成右虛步。同時右手持劍，與左手劍指分別向身體兩側逆纏回抽平帶，高與胸平，手心均向下，劍尖向前（東），劍刃向外。目視正前方（圖20-2）。

【要點】虛步抽劍，要隨身體重心後移，頓腳坐胯，兩手快速回抽，兩手要有外撐力，向後走肘勁，但不可聳肩架肘。

二十一、古樹盤根

1. **右轉合手**：右腳外擺，重心移至右腿，身向右轉，兩腿交叉。同時右手持劍，逆纏上翻於右胸前，手心向外，劍刃向上，劍尖向左；左手劍指隨體轉繞臂合於右手腕上。目視劍尖（圖21-1）。

2. **歇步架劍**：身繼續右轉，兩腿下蹲，成歇步。同時兩手持劍，隨體轉帶劍上架於右肩前上方，高過頭，手心向外，劍刃向上，劍尖向左。目視左前方（圖21-2）。

【要點】轉體與合手，下蹲與架劍要協調一致。

二十二、餓虎撲食

1. **上步捧劍**：身向左轉（*面東*），立身站起，左腳上步，腳跟先著地，重心仍在後（*右腿*）。同時兩手持劍，翻腕順纏裡合捧劍於腹前，左手在下右手在上，手心均向上，劍尖向前（*東*）。目視劍尖（圖 22-1）。

2. **弓步平刺**：左腳踏實，重心前移至左腿，成左弓步。同時兩手捧劍，隨重心前移向前平刺，高與胸平，手心向上。目視劍尖（圖 22-2）。

【**要點**】上步左轉，重心前移要連續不斷；兩手捧劍前刺，要和轉體前移協調一致。

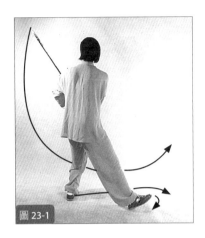

圖 23-1

圖 23-2

第三段

二十三、左車輪劍

1. **左轉帶劍**：重心後移至右腿，開左腳，身向左轉 90 度，重心再前移至左腿，右腳向前上步，腳跟著地。同時兩手持劍走上弧，向左後方掄帶於左胸前，手心向裡，劍尖斜向上；左手劍指仍附於右手腕上，手心向外。目視劍尖（圖 23-1）。

2. **上步撩劍**：右腳尖外擺，身向右轉 90 度，重心前移至右腿，左腳向前上步，前腳掌著地，成左虛步。同時兩手持劍走立圓，從左下方經體前向右上方繞臂掄劍，反撩於右肩前上方，高過頭，手心向外，劍尖向前。目視左前方（圖 23-2）。

【要點】左車輪劍是上步掄劍前撩，劍要隨體轉上步走立圓，以身帶劍。

二十四、右車輪劍

1. 右轉掄劍：重心不動，身繼續右轉。同時兩手持劍，隨體轉繼續向右後方掄帶，高與腰平，劍尖斜向右前上方。目視劍尖（圖 24-1）。

2. 撤步撩劍：重心不變，身向左轉 120 度，左腳向後撤步，成右弓步。同時兩手持劍走立圓，從右下方繞臂掄劍，前撩於右膝前上方，高與胸平。劍刃向上，劍尖向前。目視劍尖（圖 24-2）。

【要點】右車輪劍是退步掄劍前撩。劍隨體轉退步走立圓，以身帶劍。

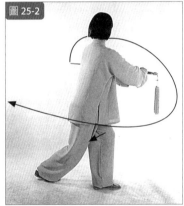

二十五、倒捲肱

1. **虛步抽劍**：重心後移至左腿，右腳回收半步，前腳掌著地，成右虛步。同時兩手持劍，隨重心後移回抽於左腰間，手心向上，劍尖向前（東）。目視劍尖（圖 25-1）。

2. **轉身平抹**：重心不變，以左腳跟為軸，身向右轉體 180 度，右腳隨體轉右掃 180 度，成右虛步（面西）。同時兩手持劍翻腕內扣，並隨體轉向左右分臂平抹。右手持劍於身體右側，高與腰平，手心向下，劍尖向前；左手於身體左側，高與腰平，手心向下，劍指向前。目視正前方（圖 25-2、圖 25-3）。

3. **退步撩劍**：重心不變，身微左轉，右腳回收，經左腳裡側向右後撤步。同時右手持劍，順纏內旋向左前方撩劍，高與胸平，手心、劍刃向上，劍尖向左前方；左手劍指順纏裡合於右手腕上。目視劍尖（圖 25-4）。

圖 25-4

4. **退步橫抹**：身微右轉，重心後移至右腿，左腳回收，經右腳裡側向左後撤步，重心移至左腿。同時兩手持劍翻腕內扣，隨重心後移，經體前逆纏向左右分臂橫抹。右手持劍於身體右側，高與腰平，手心向下，劍尖向前；左手劍指於身體

圖 25-5

左側，高與腰平，手心向下，劍指向前。目視前方（圖 25-5）。

【要點】（1）右腳退步與合手前撩，左腳退步與分臂平抹要協調一致。（2）倒捲肱也可以發力，退步頓腳前撩，退步頓腳平抹，要用手腕的力量崩劍，力達劍尖。（3）倒捲肱可以走一個，也可以重複做二個或三個。

圖 26-1

二十六、野馬跳澗（面西）

1. **提膝捧劍**：重心後移至左腿，右腿回收提膝。同時右手持劍，與左手劍指雙順纏，裡合捧劍上托於胸前，左手在下，右手持劍在上，手心均向上，劍尖向前。目視正前方（圖 26-1）。

2. **躍步（騰空）平刺**：左腿屈膝下沉，右腳上步蹬地前跳，左腳隨身體前擺騰空跳起。同時兩手捧劍，在空中前刺。目視正前方（圖 26-2、圖 26-3）。

【要點】（1）提膝與捧劍要同步；躍步與前刺要協調。（2）從提膝上步跳起騰空前刺，到左腳落地要一氣呵成，周身一家，起跳輕靈，迅速，刺劍力點準確。

圖 26-2

圖 26-3

二十七、弓步點劍

1. **虛步收劍**：左腳落
地並屈膝下沉，右腳下落
於左腳裡側，腳尖點地或
不落地。同時右手持劍，
回收沉腕於右胯旁，劍尖
斜向上，劍刃向前；左手
劍指回收於左腰間，手心
向下，（或掤臂上舉頭左
上方，手心向上）目視正
前方（圖 27-1）。

2. **弓步點劍**：身微左轉，左腿屈膝下沉，右腳向前上
步，並將重心前移，成右弓步。同時右手持劍，隨體前移
至胸前，點刺於右膝前上方，高與腰平，劍尖斜向下；左
手劍指向後繞臂上翻於頭左上方，手心向上，劍指向前。
目視劍尖（圖 27-2）。

【要點】
左腳落地後要
屈膝下沉，立
身站穩後再上
步點劍。

圖 28-1

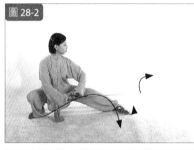

圖 28-2

圖 28-3

二十八、白蛇吐信
（面東）

1. **回身帶劍**：開左腳扣右腳，重心後移至左腳，向左轉體 180 度（面東），成左弓步。同時右手捧劍，隨體轉重心後移，向左平掃回帶於左膝前上方，高與腰平，手心向上；左手劍指自然下落於右手腕部，手心向下，劍尖向前（東）。目視劍尖（圖 28-1）。

2. **仆步壓劍**：身向右轉，重心後移至右腿並屈膝下蹲，成左仆步。同時兩手持劍隨體後移，抽劍下壓於腹前，手心向上，劍身貼左腿裡側，劍尖向左（東）。目視左前方（圖 28-2）。

3. **並步平刺**：開左腳，身向左轉，重心前移至左腿，右腿提膝上步於左腳裡側，並步震腳。雙手捧劍向胸前發力平刺。目視劍尖（圖 28-3）。

【要點】並步震腳要與捧劍前刺同時完成。震腳要有聲，刺劍要有力，力達劍尖。

二十九、左劈劍

1. **撤步（托）推劍**：身微左轉，重心移至左腿，右腿向右後方撤步。同時兩手持劍向左上方推劍，高與肩平，手心向裡，劍刃斜向上，劍尖向右前方。目視劍身（圖 29-1）。

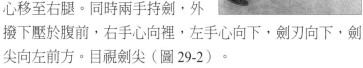

2. **右轉撥劍**：身向右轉，重心移至右腿。同時兩手持劍，外撥下壓於腹前，右手心向裡，左手心向下，劍刃向下，劍尖向左前方。目視劍尖（圖 29-2）。

3. **提膝掄劍**：身體繼續右轉，重心全部移至右腿，左腿回收提膝。同時兩手持劍走下弧，經體前向右上方繞臂掄劍，手腕上翻於右肩上方，手心向裡，劍刃向上，劍尖向右後方。目視左前方（圖 29-3）。

圖 29-4

圖 30-1

圖 30-2

4.**震腳劈劍**：身向左轉，左腳落地震腳。同時兩手持劍，經頭前向左下方掄劈於左膝前上方，高與腰平。右手心向左，劍尖斜向右前下方（東南）。目視劍尖（圖 29-4）。

【要點】（1）撤步與推（托）劍要同步對稱，力在劍根部。（2）震腳與掄劈要同步協調有力。

三十、右劈劍

1.**撤步推劍**：身向右轉，左腳向左後方撤步。同時兩手持劍，逆纏外旋腕向右前上方推劍，手心向外，高與肩平，劍刃斜向上，劍尖向左前方。目視劍身（圖 30-1）。

2.**左轉撥劍**：身向左轉，重心移至左腿。同時兩手持劍，外撥下壓於腹前，右手心向外，左手心向下，劍刃向下，劍尖向右前方。目視劍尖（圖 30-2）。

3. **提膝掄劍**：身體繼續
左轉，重心全部移至左腿，
右腿回收提膝。同時兩手持
劍走下弧，經體前向左後方
繞臂掄劍，上翻於左肩上
方，手心向外，劍刃斜向
上，劍尖向左後方。目視右
前方（圖 30-3）。

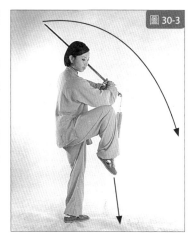

4. **震腳劈劍**：身向右
轉，右腳落地震腳。同時兩
手持劍，經頭前向右前下方
掄劍，下劈於右膝前上方，
高與腰平，劍尖斜向左前
方。目視劍尖（圖 30-4）。

【要點】

（1）撤步與推劍要同
步對稱，力達劍身。

（2）震腳與掄劈要同
步協調有力。

圖 31-2

圖 31-3

圖 31-1

三十一、虛步亮劍（東南）

1. 上步分手：身向右轉，重心移至右腿，左腳向前上步，同時左手劍指與右手持劍前後分臂拉開，左手劍指前領於體左前方，高與腰平，手心向上；右手持劍回抽於身體右後方，高與腰平，手心向上，劍尖斜向右前下方。目視右前方（圖 31-1）

2. 跟步合手：身向左轉，重心前移至左腿，右腳跟步於左腳裡側，前腳掌著地。同時右手持劍走上弧，繞臂掄劍於腹前，與左手劍指相合，劍尖斜向前上方。目視劍尖（圖 31-2）。

3. 虛步架劍：身向右轉，重心移至右腿，並屈膝下沉，左腳向前上步，前腳掌著地，成左虛步。同時右手持劍，逆纏翻腕抽劍，上架於右肩上方。高過頭，手心向外，劍尖斜向下（向東南），左手劍指順劍尖方向伸臂前指，手心向前，劍指向上，高與肩平。目視劍指（圖 31-3）。

【要點】上步分手，跟步合手，虛步亮劍要協調連貫。左手劍指前伸與右手持劍回抽上架要協調對稱。

三十二、上步下刺

1. **提膝合手**：重心不變，身微右轉，左腳回收提膝，成右獨立步。右手持劍不動，左手劍指回收右手腕部。目視左前方（圖 32-1）。

2. **弓步下刺**：左腳向前上步，重心前移至左腿，成左弓步。同時右手持劍，隨體前移向胸前下刺，手心向外，高與頭平；左手劍指仍按於右手腕上，劍尖斜向前下方。目視劍尖（圖 32-2）。

【要點】此勢可發力，要活腰沉胯，下刺力達劍尖。

圖 33-1

圖 33-2

圖 33-3

三十三、黑熊翻背（西北）

1. 右轉提收：身向右轉，重心後移至右腿，左腳尖裡扣。同時兩手持劍，隨體右移回收於胸前，手心向外，目視劍尖（圖33-1）。

2. 提膝掛劍：重心移至左腿，右腿回收提起。同時兩手持劍上提、掛劍於體前方，高與頭平，手心向外，劍尖向下。目視劍尖（圖33-2）。

3. 弓步劈劍：身向右轉，左腿屈膝下沉，右腳向右前方上步，重心移至右腿，成右側弓步。右手持劍走上弧掄臂，劈劍於右膝前上方，高與腰平，劍尖向左前方（西北）。同時左手劍指沉臂下落於左胯旁，然後向上繞臂翻腕於左額上方，高過頭，手心向上。目視劍尖（圖33-3）。

【要點】回身劈劍左手劍指和右手持劍的動作要協調對稱。右手持劍上提時，左手劍指下落；右手持劍下劈時，左手劍指上翻。

三十四、燕子啄泥（東南）

1. 轉身帶劍：開左腳扣右腳，身向左轉 90 度，重心先移至左腿再移至右腿，左腳回收半步，前腳掌著地，成左虛步。同時右手持劍，隨體轉倒換重心向左帶劍，再回抽於右胯外側，手心向上，劍尖斜向左前下方；左手劍指回繞下落於左胯外側，手心向上，劍指向前。目視左前方（圖 34-1）。

2. 虛步點劍：身微左轉，左腳提起，向左前方上步。右腳緊跟上步於左腳右前方，前腳掌著地，成右虛步。同時右手持劍，隨體向前、向上翻腕繞臂前點，高與胸平，劍尖斜向下；左手

隨體上步向前繞臂劃弧，下按於右手腕上，手心向下。目視劍尖（圖 34-2）。

【要點】（1）右腳上步，右手持劍繞臂前點，左手劍指繞臂下按，三者要協調同步。（2）右手點劍時要屈肘提腕，力達劍尖，兩手臂不可太直。

圖 35-1

第四段

三十五、回身點劍

（西北）

1. 提膝掛劍：向右轉體 90 度，右腳提起，成左獨立步。同時右手持劍逆纏外翻腕，向上提劍下掛於胸前，高過頭，手心向外，劍尖向下；左手劍指順劍身下落於左胯，手心向上。目視劍尖（圖 35-1）。

圖 35-2

2. 歇步回點：上體繼續右轉，右腳落地外擺，並屈膝下蹲，成歇步。同時右手持劍，向右後繞臂點劍，高與肩平，劍尖斜向下（西北）；左手劍指繞臂上翻於左額上方，高過頭，手心向上。目視劍尖（圖 35-2）。

【要點】（1）右手持劍翻腕上提掛劍要與左手劍指下落對稱和諧。（2）右手持劍回點要與左手劍指上翻協調、對稱、同步。

三十六、鷹熊鬥智

1. **撤步回帶**：立身站起，身
向左轉，右腳提起，向右後方撤
步，腳跟先著地。同時右手持
劍，隨體轉回帶於左胸前，手心
向裡，高與肩平，劍尖斜向上；
左手劍指合於右手腕上。目視右
前方（圖36-1）。

2. **提膝掛劍**：右腳尖外擺，
身向右轉體，重心前移至右腿，
左腿隨體轉上步提膝，成右獨立
步。同時兩手持劍下壓，再隨左
腿上步提膝帶劍，上提於頭前上
方，手心向外，劍尖斜向下，貼
於左膝外側。目視劍尖（圖 36-
2）。

3. **歇步穿劍**：身向左轉，左
腳向前落步，腳尖外擺，兩腿交
叉下蹲，成歇步。同時兩手持
劍，隨體轉下蹲走下弧，向左後
方穿劍於左胯外側，手心向裡，
劍尖向後再向上。目視劍尖（圖
36-3）。

【要點】提膝掛劍，兩手持劍要隨體轉上步提膝提劍
同步完成。

三十七、燕子啄泥（西南）

1. **上步掛劍**：立身站起。右腳上步，腳跟著地，腳尖外擺，身向右轉體，重心前移至右腿。同時兩手持劍，隨體轉上步走上弧，繞臂翻腕於胸前屈臂下掛，劍尖斜向下。目視劍尖（圖37-1）。

2. **轉身下刺**：上體繼續右轉，兩腿交叉，右腿微屈下沉，左腿蹬直。同時右手持劍，向右後方（東北）下刺，手心向上；左手劍指向頭左上掤舉，手心向外。目視劍尖（圖37-2）。

3. **虛步點劍**：身向左轉，左腳向前上步，右腳緊隨左腳裡側向前上步，前腳掌著地，成

右虛步。同時右手持劍，隨體轉繞臂走上弧，點劍於右膝前上方，手心向下，劍尖斜向前下方；左手劍指隨體轉上步，繞臂前按於右手腕部。目視劍尖（圖37-3、圖37-4）。

【要點】點劍時垂肘提腕，力達劍尖，兩臂不可太直。

三十八、靈貓撲鼠

1. **收腳掛劍**：重心不變，身微右轉，右腳回收於左腳裡側，前腳掌著地。同時兩手持劍，外翻腕掛劍於胸前。目視劍身（圖 38-1）。

2. **撤步穿劍**：身繼續右轉，右腳提起，向右後方鏟腳撤步。同時兩手持劍，隨體轉撤步經胸前向右前方穿劍。目視劍尖（圖 38-2）。

3. **弓步刺劍**：扣左腳、開右腳，重心移至右腿，成右側弓步。同時兩手持劍，向右前方平刺，高與腰平。目視劍尖（圖 38-3）。

【要點】撤步穿劍，弓步刺劍要同步連貫，協調輕靈。

三十九、金雞抖翎

1. **馬步立劍（崩劍）**：重心微左移，成馬步。同時兩手持劍，抖腕上挑崩劍。兩臂微收，立劍於右膝上方。手心向裡，劍尖朝上。目視劍尖（圖39-1）。

2. **左轉合抱**：身微左轉，重心移至左腿，成左偏馬步。同時兩手持劍，回收於胸前，手心向裡，劍尖向上。目視右前方（圖39-2 和圖 39-2 正面圖）。

3. **馬步分劍**：身微右轉，重心移至右腿，成右偏馬步。同時兩臂左右外分，右手持劍，向右前方逆纏，快速

推劍於右膝前上方，高與腰平。手心向前，劍尖向上；左手劍指向左上方快速掤推。目視劍尖（圖 39-3 和圖 39-3 正面圖）。

【要點】（1）金雞抖翎要用腰勁帶動兩手臂外分，力達劍刃。（2）此勢也可雙腳跳起合手，雙腳下落震腳推劍。震腳與推劍必須同步。

四十、海底撈月

1. 提膝收劍：重心全部移至左腿，右腿隨之回收提起。同時右手持劍，隨提膝回收立劍於右膝外側；左手劍指上掤於左肩上方，高過頭。目視前方（圖 40-1 和圖 40-1 正面圖）。

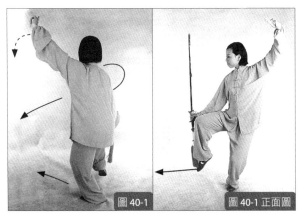

圖 40-2

2. **弓步下撈**：身向左轉，右腿向左前方上步，重心前移至右腿，成右弓步。同時右手持劍，隨體轉前移走下弧，向右膝前下撈劍，身微前傾。手心向上，劍尖向前（西北）；左手劍指上翻於左肩上方，高過頭，手心向上。目視劍尖（圖 40-2）。

圖 40-3

3. **提膝托劍**：身向左轉，重心後移至左腿，右腳蹬地提膝，成左腿獨立。同時右手持劍，順纏回收上托於頭前左側，高與頭平，手心向裡，劍尖向前；左手劍指合於右手腕上。目視劍尖（圖 40-3）。

【要點】上步與撈劍，提膝與托劍要同步協調一致。

四十一、哪吒探海

1. **上步沉劍**：身向右轉，右腳向前上步，腳跟先著地，成右虛步。同時兩手持劍下沉於腹前，手心向上，劍尖斜向下。目視劍尖（圖 41-1）。

圖 41-1

2. **提膝下刺**：身微左轉，重心移至右腿，左腿提膝，成右腿獨立，身微前探。同時右手持劍向右前方下刺，手心向上；左手劍指向左上方掤舉過頭，手心向上。目視劍尖（圖 41-2）。

【要點】（1）右手持劍下刺與左手劍指上舉要協調對稱，劍臂成一條斜線。（2）左膝上提要過腰，腳微裡合護襠。

圖 41-2

四十二、犀牛望月

1. **回身撩劍**：左腳下落，向左後方撤步，身向左轉體 90 度，重心移至左腿，成左弓步。同時右手持劍隨體左移，回身撩劍於腹前，劍尖斜向右前下方；左手劍指隨撤步左轉下落，按於右手腕上，手心向下。目視劍尖（圖 42-1）。

圖 42-1

圖 42-2

2. 上（叉）步挑劍：身向右轉，重心全部移至左腿，右腳貼左腳裡側上步，成交叉步。同時兩手持劍，隨上步翻腕前撩上挑，崩劍於胸前。右手心向左，劍尖斜向上；左手劍指按於右手腕部，手心向外。目視劍尖（圖 42-2）。

圖 42-3

3. 歇步回刺：身繼續右轉，兩腿屈膝下蹲，成歇步。同時兩手持劍，隨轉體回頭後刺，高與肩平，右手心向裡，左手心向外，劍刃向上，劍尖向右後方。目視劍尖（圖 42-3）。

【要點】（1）回身撩劍與歇步後刺要連貫協調。（2）此勢也可以不下蹲成歇步。就叉步直立，右腿虛，左腿實，身向後仰。同時雙手持劍，快速回頭向後崩點，要乾脆、俐索、快捷。

四十三、勁風偃草

1. 撤步前帶： 立身站起，身微左轉，右腳向右後方鏟腳撤步。同時右手持劍向左前引帶，左手劍指裡合上掤於右臂上方，手心向外，目視右後方（圖43-1）

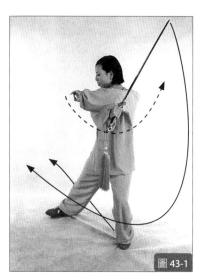

圖 43-1

2. 歇步下掃（抹）： 身向右轉，重心後移右腿，左腳向右後方插步，兩腿交叉下蹲，成歇步（或坐盤）。同時右手持劍，隨體轉後移，經體前分臂壓劍下掃（抹）於身體右前下方，劍尖向前（西），手心向下、高與腰平。左手劍指劃弧上舉至左上方，手心向上。目視劍尖（圖43-2）。

圖 43-2

【要點】（1）右腳後撤，右手持劍前帶，方向相反，要對稱同步。（2）分臂下掃兩臂運動方向相反，同時要與叉步下蹲協調一致。

圖 44-1

圖 44-2

第五段

四十四、斜飛式

1. **鏟腳合手**：立身站起，身微左轉，右腳向右後方鏟腳撤步。同時右手持劍，順纏繞臂旋腕劃弧，與左手劍指下落合於左膝前上方。右手心向上，劍尖斜向左前下方；左手劍指按於右手腕上，手心向下。目視劍尖（圖44-1）。

2. **弓步斜削**：身向右轉，重心移至右腿，開右腳、扣左腳，成右側弓步。同時右手持劍，隨體轉右移，向右前上方展臂斜削，高與頭平，手心向上，劍尖斜向上；左手劍指分臂向下撐於左膝上方，高與腰平，手心向下。目視劍尖（圖44-2）。

【要點】右手持劍斜削，要隨體轉重心移至右腿，要協調一致。身、臂、劍要成一條斜線。

四十五、左托千斤
（西南）

1. **上步合劍**：重心前移至右腿，左腳經右腳裡側向左前方上步。同時右手持劍，與左手劍指屈臂回收，合於右腹前，右手心向上，左手心向下，按於右手腕部。目視左前方（圖 45-1）。

2. **提膝托劍**：重心後移至左腿，右腿提膝，成左獨立步。同時兩手持劍，隨提膝托劍合於胸前，手心向上，劍尖仍向右前方；左手劍指仍按於右手腕上。目視左前方（圖 45-2）。

3. 震腳沉劍：上體不動，左腿屈膝下沉，右腳落地震腳，左腳上步，腳跟著地，成左虛步。同時兩手持劍，隨震腳下落沉劍於腹前（持劍的姿勢不變）。目視左前方（圖45-3）。

4. 弓步推（托）劍：身微左轉，重心前移至左腿，成左弓步。同時兩手持劍，隨重心前移，從腰間經胸前向左前上方推（托）劍。手心向裡，劍刃斜向上，高與肩平，力在劍根；左手劍指仍按於右手腕部。目視劍身（圖45-4）。

【要點】右腳震腳時，兩手持劍要隨體下沉於右腰間；弓步推劍要用腰勁，力達劍身。

四十六、右托千斤（西北）

1. **上步帶劍**：重心不變，身向右轉，右腳經左腳裡側向右前方上步，腳跟先著地，成右虛步。同時兩手持劍**翻腕內扣**，隨體轉向右平帶，手心向下，劍尖向左前方，高與胸平。目視劍尖（圖 46-1）。

2. **提膝合劍**：身向右轉，重心移至右腿，左膝提起，成右腿獨立。同時兩手持劍合於胸前，兩手心均向下，劍尖向左前方。目視右前方（圖 46-2）。

3. **震腳沉劍**：右腿屈膝下沉，左腳落地震腳；右腳提起向前上步，成右虛步。同時兩手持劍，隨體下沉於右腰間。兩手心均向下。目視右前方（圖 46-3）。

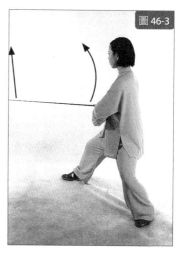

圖 46-4

4. 弓步推劍：身微右轉，重心前移至右腿，成右弓步。同時兩手持劍，隨體前移從腰間快速向右前上方推劍，高與肩平，兩手心均向外，劍刃斜向上，劍尖向左前方。目視劍身（圖 46-4）。

【要點】與左托千斤相同。

四十七、左截腕

1. 右轉沉劍：開左腳，身向左轉，重心移至左腿，右腳回收半步，前腳掌著地，成右虛步。同時兩手持劍，順纏翻腕下沉，合於右膝上方，高與腰平。右手心向上；左手心向下，按於右手腕上。目視左前方（圖 47-1）。

圖 47-1

圖 47-2

2. 虛步橫點：身向左轉，右腳隨體轉，向左前方擦地橫掃 30 度（正西），成右虛步。同時兩手持劍，隨體轉掃腿向左前方橫向點擊，力在劍尖。高與胸平，右手心向上，左手心向下，劍尖向西。目視劍尖（圖 47-2）。

【要點】兩手持劍向左前方截擊橫點時，要著重運用手腕的力量，並和轉體掃腿協調一致。

四十八、右截腕

1. **轉體橫帶**：身向左轉，右腳向右前方上步，腳跟著地，腳尖外擺，再重心前移至右腿。同時兩手持劍，向左橫帶（抹）於左膝上方時翻腕內扣，手心向下，劍尖向左後方，高與腰平。目視右前方（圖48-1）。

2. **虛步橫點**：身向右轉，重心前移至右腿，左腳向前方掃腿上步，成左虛步。同時兩手持劍，向左前方截腕橫點，兩手心均向下，劍尖向前（西），高與胸平。目視劍尖（圖48-2）。

【要點】右腳上步，身向左轉與兩手持劍向左橫帶方向相反，但要對稱協調；左腳前掃與兩手持劍橫點要同步。要用腕部力量，快速準確，力達劍尖。

四十九、橫掃千軍

1. **鏟腳分臂**：身向右轉，左腳向左前方鏟腳上步。同時右手持劍，與左手劍指在胸前分臂平展。右手持劍於右膝前上方，高與腰平，手心向下，劍尖向右（東北）；左手劍指於左膝前上方，手心向下。目視右前方（圖49-1）。

2. **弓步橫掃**：身向左轉，開左腳，扣右腳，重心移至左腿，成左弓步。同時右手持劍，順纏翻腕向左前方平掃 180 度，於左膝前上方與左手劍指相合，手心向上，高與腰平。劍尖向西南。目視劍尖（圖 49-2）。

【要點】（1）鏟腳分臂要同步，兩臂平分要對稱。（2）弓步平掃時與身向左轉重心移至左腿協調一致。

五十、金鐘倒掛

1. **並步掛劍**：重心全部移至左腿，右腳提起，上步於左腳裡側，前腳掌著地，成並步。同時兩手持劍，逆纏翻腕垂劍上提於胸前，手心向外，劍柄向上，劍尖向下，高與肩平。目視右手（圖 50-1）。

2. **退步掛劍**：重心不變，上體不變。右腿向後撤步，成左弓步（圖 50-2）。

3.（轉體）虛步掛劍：上體不變，重心後移至右腿，成左虛步。身向右轉體 360 度。同時兩手持劍倒掛，隨體轉 360 度，左腳繞右腳轉一圈後，收於右腳裡側左後方，仍前腳掌著地。兩手持劍，仍倒掛身左側，手心向外。目視右前方（圖 50-3）。

圖 50-3

【要點】（1）掛劍要與並步同時完成。（2）並步掛劍、退步掛劍、轉體虛步掛劍、只是下肢的運動，步法的變換，上體及兩手持劍基本不變。

五十一、退步點劍（正西）

弓步前點：身向右轉，左腳向後撤步，成右弓步。同時右手持劍，繞臂前點於右膝前上方，高與胸平。劍尖斜向下。左手劍指向後繞臂上翻於

圖 51

頭左上方，高過頭，手心向上。目視劍尖（圖 51）。

【要點】右手持劍前點，左手劍指上翻，左腳撤步，三者同步協調一致。

五十二、白猿獻果

（面西）

1. **仰身雲撥**：重心移至左腿，身向後仰。同時右手持劍，與左手劍指雙順纏繞臂合於胸前，再逆纏上翻，分臂劃弧撥劍於體前上方，手心均向前，高與頭平，劍尖斜向上。目視上方（圖52-1）。

2. **上步捧劍**：重心前移至右腿，左腳向前上步，成蓋步（叉步）。同時右手持劍，與左手劍指隨重心前移雙順纏，合手捧劍於胸前。右手持劍在上，左手變掌在下，掌心向上托著右手。目視劍尖（圖52-2）。

3. **歇步平刺**：左腳外擺，兩腿屈膝下蹲，成歇步。同時兩手捧劍向前平刺，高與胸平，手心向上，劍尖向前（西）。目視劍尖（圖52-3）。

【要點】仰身雲劍時兩臂要在胸前劃一圓圈。劍貼胸面雲撥，但不能觸及身體任何部位。因此撥劍和仰身必須協調，配合完美。

第六段

五十三、落花式

1. **撤步回帶**：立身站起，身向左轉，左腳向左後方撤步，並將重心後移至左腿。同時兩手持劍，向左回帶於左膝上方，高與腰平，右手心向上。左手劍指按於右手腕上。劍尖向左前方。目視劍尖（圖53-1）。

2. **收腳扣劍**：重心全部移至左腿，右腳回收於左腳裡側，前腳掌著地，成右虛步。同時兩手持劍，翻腕內扣於左腰間，手心向下，劍尖斜向左後方。目視劍尖（圖53-2）。

3. **分臂橫掃**：身向右轉體，右腳向右後撤步，並將重心移至右腿，成右偏馬步。同時兩臂外分，右手持劍隨體轉撤步，向右橫掃於右膝前上方，高與胸平，手心向下，劍尖向右前方。左手劍指至左膝上方，手心向下。目視劍尖（圖53-3）。

【要點】撤步左帶，分臂右掃與收腳扣劍轉換要協調連貫。

五十四、弓步上刺

1. **提膝捧劍**：身微左轉，重心全部移至左腿，右腿回收提膝，成左腿獨立步。同時右手持劍，和左手劍指順纏回收，捧劍於腹前，手心向上，劍尖向前（西偏北）。目視前方（圖54-1）。

2. **弓步上刺**：左腿屈膝下沉，右腿向前上步，並重心前移至右腿，成右弓步。同時兩手持劍，向前上方刺劍，高與肩平，手心向上，劍尖斜向前上方。目視劍尖（圖54-2）。

【要點】上刺要和上步、重心前移保持一致，劍與身要成一條斜線。

五十五、弓步下刺

1. **回身抽劍**：身向左轉180度，開左腳，扣右腳，重

心移至左腿再右移。同時兩手
持劍，隨體轉重心倒換，先向
左下方回帶，再向右上方回抽
於右腰間，手心向上，劍尖向
左下方。目視劍尖（圖55-1）。

2. 弓步下刺：重心前移至
左腿，成左弓步。同時兩手持
劍，向左膝前下方直刺，高與
腰平，手心向上，劍尖斜向
下。目視劍尖（圖55-2）。

【要點】弓步下刺，要隨
重心前移同步完成。

五十六、斜飛式

弓步斜削：開右腳，扣左
腳，重心移至右腿，身向右
轉，成右側弓步。同時右手持
劍，向右前上方展臂斜削，手
心向上，高與頭平，劍尖斜向
右上方；左手劍指下分於左膝
上方，手心向下，高與腰平。
目視劍尖（圖56）

【要點】兩臂要與劍成一
條斜線。

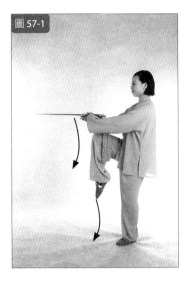

圖 57-1

五十七、探身平刺

1. **提膝捧劍**：身向左轉，重心後移至左腿，右腿回收提膝，成左腿獨立步。同時兩手屈臂回收，捧劍於胸前右膝上方，手心向上、劍尖向前。目視劍尖（圖57-1）。

2. **虛步沉劍**：重心不變，右腳下落，腳跟先著地，成右虛步。同時兩手捧劍下沉於腹前，手心向上，劍尖向前。目視劍尖（圖57-2）。

3. **提膝捧劍**：右腳踏實，重心前移至右腿，左腿提膝，成右腿獨立。同時兩手捧劍，托至胸前，手心向上、劍尖向前上。目視劍尖（圖57-3）。

圖 57-3

圖 57-2

4. **探身平刺**：右腿屈膝下沉，身向前探，與右腿成 90 度，左腿後伸，腳跟上翹，高過頭。同時兩手捧劍，隨身前探，向前方平刺。目視劍尖（圖 57-4）。

圖 57-4a

圖 57-4

【要點】（1）右腿獨立要穩，動作要緩慢，保持平衡。（2）探身前刺，與左腿後伸方向相反，對稱平衡。注意頭要抬起，腳跟翹起，頭與腳要高於身腰。（3）此勢難度較大，也可以立身提膝平刺（圖 57-4a）。

五十八、鷂子翻身

1. **退步抽劍**：立身站起，身向左轉，左腳下落，向後撤步，重心後移至左腿。同時兩手持劍，隨體轉後撤，向左後抽劍於左膝上方，右手心向裡，左手心向外，高與胸平，劍尖斜向右上方。目視右前方（圖 58-1）。

圖 58-1

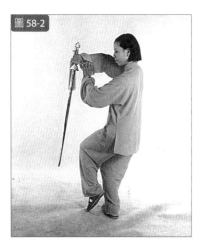

2. **翻身掛劍**：開右腳，重心移至右腿，以右腳跟為軸，向右翻身轉體 180 度，左腳隨體轉上步，合於右腳裡側，前腳掌著地，成左虛步。同時兩手持劍，隨體轉上步掄掛於左胸前，手心向外，劍尖向下。目視劍尖（圖 58-2）。

3. **弓步掄劈**：身繼續後轉，右腿屈膝下沉，左腳向左後撤步，成右側弓步。同時右手持劍，經頭前向右前下方繞臂掄劈於右膝前上方，高與腰平，劍刃向下；左手劍指向左後回繞上翻於左額上方，高過頭，手心向上。目視劍尖（圖 58-3）。

【要點】上步翻身掄劈，要快、要穩、要準，要協調連貫，一氣呵成。

五十九、黃龍出洞（面南）

1. **左轉帶劍**：開左腳扣右腳，身向左轉，重心移至左腿再右移。同時右手持劍，隨轉體左移向左前方平帶，再隨體轉右移，回抽於右腰間。手心向上，劍尖向西。左手劍指於左膝上方，手心向上，劍指向前。目視左前方（圖59-1）。

2. **並步平刺**：開左腳，身向左轉180度，重心前移至左腳，右腳隨體轉前移上步，於左腳裡側並步震腳。同時右手持劍，與左手劍指分別向身體兩側平伸，右手持劍向正西平刺，手心向上，高與胸平；左手劍指向東，手心向上，高與胸平。目視右前方（圖59-2）。

【要點】（1）並步震腳要與發力平刺同步，力達劍尖。（2）右手持劍與左手劍指方向相反，要協調對稱，在一個水平線上。

六十、磨盤劍

1. **鏟腳抽劍**：身向左轉，重心移至左腿，並屈膝下沉。向右後鏟右腳，腳跟著地。同時右手持劍，屈臂向左前方回抽於左胸前，與左手劍指相合。目視劍尖（圖 60-1）。

2. **右轉扣劍**：身向右轉，右腳尖外擺，重心移至右腿。同時兩手持劍，翻腕內扣於胸前。手心向下，劍尖向左前方；左手劍指仍按於右手腕上。目視劍尖（圖 60-2）。

3. **轉體平帶**：以右腳跟為軸，左腳隨體向右轉 180 度，至右腳左前方，腳跟著地，腳尖內扣。同時兩手持劍，隨體轉平帶 180 度，仍扣劍於胸前，手心向下，劍尖向左前方（西北）。目視劍尖（圖 60-3）。

4. **後掃平抹**：以左腳跟為軸，右腳隨體轉向右後掃 180 度，至左腳右後方，並將重心後移至右腿，成左虛步。同時右手持劍，隨轉體掃腿分臂平抹 180 度（面南）於身體右

側，高與腰平，手心向下，劍
尖向前；左手劍指外分，至身
體左側，高與腰平，手心向
下，劍指向前。目視正前方
（圖 60-4）。

【要點】兩手持劍以右腳
跟為軸平掃半圈；又以左腳跟
為軸，分臂平抹半圈，動作要
連貫，平穩協調。

六十一、金針指南

1. 虛步捧劍：重心移至右
腿，左腳提起上步，腳跟先著
地。同時兩手捧劍合於腹前，
手心向上，劍尖向前。目視正
前方（圖 61-1）。

2. 弓步平刺：左腳落實，
重心前移至左腿，成左弓步。
同時兩手捧劍，向胸前平刺，
高與胸平，手心向上。劍尖向
前。目視劍尖（圖 61-2）。

【要點】兩手捧劍要隨重心
前移，向胸前平刺，劍隨身行。

六十二、收勢（收劍還原）

1.**虛步抽劍**：身向右轉，重心後移至右腿，左腳回收半步，前腳掌著地，成左虛步。同時兩手持劍，屈臂回抽於右胸前，手心向裡，劍刃向上，劍尖向南，貼於左小臂外側。左手與右手相對，手心向外，準備交劍。目視劍尖（圖62-1）。

2.**左轉分臂**：右手交劍，左手倒握劍柄。身向左轉，重心前移至左腿，成左弓步。同時左手持劍，隨體轉將重心前移至右腿，繞臂走上弧至胸前，手心向下，劍柄向前，劍身貼左臂下，劍尖向後；右手變劍指向後展臂，手心向上，劍指向後。目視正前方（圖62-2）。

3.**開步站立**：重心前移至左腿，右腳上步至左腳裡側，開步站立。同時左手持劍，自然下落身體左側，劍尖向上，劍柄向下；右手劍指隨上步向前繞臂，經右耳旁至

胸前，再自然下落至身體右側。目視正前方（圖62-3）。

4. **並步直立**：兩腿慢慢直立，兩臂回收身體兩側。而後重心移至右腿，左腳輕輕提起收至右腳裡側，兩腳並立。目視正前方（圖62-4）。

【要點】收勢動作要慢，要自然輕鬆，把氣呼盡後再收腳直立、還原。

陳式太極劍方位路線示意圖（面南）

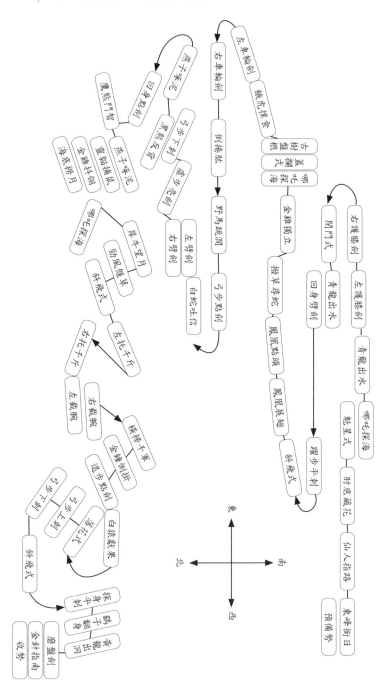

東

北　　　　　南

西

III 新編45式陳式太極刀精解

　　陳式太極單刀與陳式太極拳一樣，具有剛柔相濟，快慢相間，震腳發力，鬆活彈抖，躥蹦跳躍，閃轉騰挪，順逆纏絲的風格特點。其刀法樸實無華，動作靈活多變，大劈大砍，氣勢磅礡，實用性很強……

代序・我的老師王青甫、趙會珍

　　受太極拳名宿王青甫、趙會珍之邀，為其著作《新編 45 式陳式太極刀》作序，在深感榮幸的同時，又擔心自己在太極前輩面前資歷尚淺，難以擔此重任。但是，透過幾年來和王老師、趙老師的交往，確有很多發自內心的感受，想寫出來與大家一起分享。

　　我練習太極拳較晚，2007 年開始自習，2009 年接觸到陳式太極拳。2010 年，慕名找到王青甫、趙會珍老師學習陳式太極拳。兩位老師教授學員的認真態度深深感動了我。2012 年 4 月，我又邀請兩位老師到我的企業創辦太極拳學習班，教授了一大批學員，並有多人正式拜其為師，使太極拳這一健身方式在我們企業扎下了根。

　　兩位老師取得的成就有目共睹。他們勇於創新，對傳統套路在傳承的基礎上進行改進，為太極拳的普及做出了突出貢獻。他們注重教學，對弟子毫不保留，一招一式絕不含糊，已是桃李滿天下。眾多弟子在省、市及國際太極拳大賽中多次摘金奪銀，事跡被編入《陳式太極拳誌》、《中國武術家辭典》和《中國太極人物誌》，他們將自己多年來的教學經驗及創新成果編印成書，惠及更多太極拳愛好者，可謂德高望重。

　　作為全國 500 強企業──河北敬業集團的掌門

人，我在隨兩位老師學拳的過程中受益匪淺。打太極不僅讓我擁有了強健的體魄，使我年逾六十仍有旺盛的精力管理企業，還讓我從太極拳中悟出了一些企業管理的真諦。

其一，練太極拳每個動作都要認真做到位，否則達不到健身效果。辦企業也一樣，每一件事都要有標准，要做到位，否則就難以奏效。

其二，太極拳講究平衡，天人合一，與企業管理也有著異曲同工之妙。

因此，兩位老師不僅是我的太極拳老師，還是我為人處世、管理企業方面的良師。

《新編 45 式陳式太極刀》是王青甫、趙會珍老師傳承、創新太極的又一體現，是兩位老師對太極事業做出的重大貢獻，是太極研究、創新領域的寶貴財富。她不僅豐富了太極大家族，還對太極的推廣普及起到積極作用。我深信該著作的出版會讓更多的太極拳愛好者受益，使太極拳這一中華民族的瑰寶綻放出更加亮麗的光彩！

李趙妙

說　明

陳式太極單刀，是中國武術太極拳套路中短器械的一種。原套路只有十三個動作，故稱「十三刀」。後經陳家溝歷代拳師改進，逐步發展成由二十二個動作組成的「陳式太極單刀」套路。陳式太極單刀套路短小精悍，滾、閉、扎、攔、劈、砍、撩、截、纏、抖、架、抹、挑等十三種刀法體現了陳式太極拳剛柔相濟，快慢相間，震腳發力，鬆活彈抖，躥蹦跳躍，閃轉騰挪，順逆纏絲的風格特點。其刀法樸實無華，動作靈活多變，大劈大砍，氣勢磅礡，實用性很強。美中不足的是，原刀術套路演練時間太短，僅一分鐘，剛一開始，旋即結束，使人有意猶未盡之感，很難適應當今表演與比賽的要求。

為傳承和普及此刀術，增加健身強度，使它適應表演與比賽要求，我們根據多年來傳授習武的經驗，特意將二十二式改編為四十五式。在原來是二十二式基礎上，經過充實和調整，增加了十幾個動作相同、方向相反的式子，如「腰斬白蛇」「日套三環」等，使演練時間延長到三分鐘左右。並透過幾個相關的轉關式子，連接貫穿，與原式子有機銜接，使整套動作連貫流暢，渾然一體。既保留了原套路的犀利精湛、氣勢如虹的特點，又增強了它的技擊性和藝術性，健身性和觀賞性，使陳式太極單刀套路更加充實、完

美、完善。

這個套路經過幾年的演練和實踐，收到很好的實效，得到廣大太極拳同仁的認可和好評。其門下眾多弟子依此新編 45 式陳式太極單刀套路，相繼在河北邯鄲、承德、滄州及河南焦作等重大國際太極拳賽事中獲得金牌。

應眾多學員要求，我們將此套路編撰成書，以便於教學，方便學練。書中將每個單式分成若干個分動式，每個分動式都有一組對應的示意圖和分動提示說明，示意圖中的虛線和實線分別表示左、右兩側肢體下一個動作的運動軌跡，箭頭表示該部位的運動方向。力求使讀者都能夠自行學練。

由於水準有限，有些部分還很粗淺，諸多地方難免有誤，不當之處請多指正。

在編寫過程中，得到了敬業集團董事長李趕坡和弟子郭尚武的大力支持和幫助，在此一併表示感謝。

王青甫　趙會珍

刀術基本知識

一、「刀術」（單刀）簡介

「刀」的種類繁多，不同的「刀」有不同的功能和使用方法。加之中國武術門派繁多，所以，不同的「刀」形成了不同的演練方式和運動形式。這種不同的運動形式和演練套路，我們統稱之為「刀術」。「刀術」在其漫長地歷史發展中，一直沿著「單人演練」、「兩人對擊」、「多人集體舞練」這三種形式發展。

歷史上，「刀術」廣泛用於戰爭搏殺、技擊格鬥和飲酒、娛樂表演，如單人舞，雙人對舞，多人刀舞等。總之，「刀術」在實踐中逐漸形成了它在實戰中的技擊性，在舞練中的表演藝術性和觀賞性。

二、刀術（單刀）的歷史與發展

中國刀術歷史悠久，門派繁多。最初的原始社會的刀是石刀、骨刀，是作為生活生產工具，用於切、削、刮、砍、劈的工具而用的。因為那時還沒有冶煉技術，一切生活、生產工具都是石製、骨製和木製的。

隨著人類的進步，社會的發展，中國冶煉技術的產生，石刀、骨刀逐漸被金屬刀所代替，並從結構和適用性

上有所改進。到春秋戰國時期，刀已廣泛用於戰爭，並成為戰場上的主要武器。戰爭對推動刀術改革發展起到了很大的作用。戰場上刀劍相錯、短兵相搏，凸顯了刀法技術的至關重要。因此，出現了很多不同刀法的文字記載。像「揮戈舞劍、刀制百人」《太白陰經・陣將篇》，「白刃交分寶刀斬」《弔古戰場文》（**唐・李華**）中，論述的就是刀的技擊技術以及戰鬥廝殺的場景。西漢之後，刀術逐漸成為一種表演藝術，出現了飲酒舞刀為樂的場景。到唐代，已經有了配樂的刀舞，李白《從軍行》中描述：「笛奏梅花曲，刀開明月環」就是很好的描述。到了宋朝，又有了刀舞對練的形式，上百人雙雙出陣集體對練表演，場面很是壯觀。至明清時期，刀術的論著漸多，如武術家程宗猷的《單刀法選》、《藤牌腰刀說》，吳朵的《手臂錄》中記載的《雙刀歌》、《春秋刀殘譜》、《十三刀法》等。戚繼光吸收日本刀術而總結的《倭寇刀法》、《日本陰流刀法》、《武備志》等，對刀術的認識和見解更加趨於成熟。並逐漸形成了表演舞練的套路。

及後來，為使用方便，又有了刀鞘，更便於攜帶。此時，在社會上劍客、刀客、俠客行俠仗義，刀、劍已成為俠客武士們隨身佩帶的重要武器。

不同國家，不同民族，不同的武術門派都有各自獨特風格的刀術。如日本刀、苗刀、蒙古刀等。日本刀術（**又稱東洋刀**）就是在中國刀術和劍術的基礎上改進而成的。

刀、劍自古以來一直是流行於中國的兵器。從春秋戰國到東漢，是劍勝於刀，而到了東漢之後，刀才逐步取代了劍的地位。兩千多年來「刀術」一直流傳不衰。東漢之

後，佩刀成了一種時尚與服制，特別是軍人裝備，普遍佩帶軍刀。

南北朝時期，刀客們不僅注重刀的裝飾，而且注重刀的鋼質，即所謂「百煉成鋼」的寶刀，如楊志的家傳寶刀，「削鐵如泥，吹髮立斷」。這時，以佩帶刀、劍為裝飾，刀、劍已成為英雄豪傑的標誌。

到了明代，軍隊中多使用腰刀，其特點是鋒尖刃利，其次是朴刀，是雙手使用，更加強了砍殺的力度。明代武術家程宗猷著有《單刀法選》，詳細記載了不同流派單刀的刀法和套路，其刀法技術更加成熟，到清代，武舉考試中增加了刀術的內容，其中一項就是「舞刀」，要求將 80 斤至 100 斤、甚至 200 斤的大刀舞成花。此時，刀術已成為練武之人必須掌握的重要器械了。直到民國時期，軍隊每人既佩槍又佩刀，像十九路軍，每人背一把大刀，在近戰、肉搏戰中仍然發揮著重要作用。

進入現代社會，刀術成為武術短器械的一種，並形成了各種不同的刀術套路。作為武術運動，刀術有國家統一的競賽套路和不同拳種的刀術套路，並成為人們喜愛的傳統武術運動項目。

三、刀術（單刀）的特點

刀術種類繁多，有單刀、雙刀、腰刀、朴刀、春秋大刀等等，本書講的是單刀刀術。武術中的各拳種和流派的刀術風格特點各異，但其基本技法還是比較一致的，概括起來有以下四點：

1. 力勁勢猛

單刀屬短兵器,「短兵利在速進」。因此,持刀上陣,必須迅速猛進貼近對方,纏頭裹腦迎敵而上,才能發揮刀的作用。

持刀人要氣勢凶猛,身步靈活,動作快疾如風,故有「刀如猛虎」之說。

2. 刀快法詐

古人經過戰場的生死拼殺,總結出「刀術必須手疾眼快」,不能優柔拖沓的經驗。生死相抉,必須以迅雷不及掩耳的速度靠近對手,以達「持短入長」制勝的目的。

刀術歷來有「刀走黑」的說法。刀法要快捷、狠辣、刀下無情,要具有「秘密性」、「非法性」和「隱藏性」。

其法閃展騰躍,奇詐詭秘,指東打西,指上打下,人莫能測,故長兵器往往敗於刀下。

3. 儌跳超距

刀術在技擊中為了達到「持短入長」,貼近對方的目的,就必須步法靈活,左縱右跳,有「短見長,腳下忙」之說。腳下要快,忽東忽西,忽左忽右,在運動中出其不意地靠近對方,才能充分發揮刀的特長。

「儌跳超距」就是要求操刀者在縱跳奔跑中,用纏頭裹腦的刀法,在保護好自己的前提下強行逼近敵人,如猛虎下山,威猛彪悍,勢不可擋。

4. 刀與手臂要配合協調

諺語說：「單刀看手」，「雙刀看走」，「單刀看開手」，特別講究運動時刀與手的配合。閉手不僅不能妨礙刀法的運用，還應有助於持刀手的運動，做到刀、手密切配合。刀、手配合有三個原則：

必須有助於身軀四肢運動和諧。

必須有助於技擊運動中的平衡。

必須有助於刀法的運用以及力量在運動中的充分發揮。

四、刀術（單刀）的主要運動方法（簡稱刀法）

（1）**纏頭刀**——右手持刀由右向左平掃至身體左側，再翻刀隨右臂內旋上舉過頭至右肩上方，刀由右向左，由前向後繞頭一周；刀尖下垂，刀背沿左肩貼背繞至右肩；同時左手合於右小臂，隨右手持刀內旋上舉，而屈肘分臂到右大臂外側，成立掌。頭部始終保持中正。纏頭刀屬防守性的刀法，意在以刀背貼身保護自己，貼近對方並順勢反擊。

（2）**裹腦刀**——右手持刀向右平掃至身體右側，再外翻腕，隨右臂外旋上舉至左肩上方；刀由左向右，由前向後繞頭一周；刀尖下垂，刀背沿右肩貼背繞過左肩。頭部始終保持中正。技擊內含與纏頭刀相同。

（3）**劈刀**——刀由上向下為劈，力達刀刃。刀隨臂沿身體兩側掄一立圓，掄劈要與轉體協調一致。

（4）砍刀——刀向左下方或右下方斜劈為砍。

（5）扎刀——直刺為扎，力達刀尖。刀刃朝下或朝上，朝左或朝右，刀尖向前或斜向下，臂與刀要成一直線。

（6）斬刀——刀刃朝左或朝右平掃，高度在腰上頭下為斬，力達刀刃。刀要和身腰運轉協調一致。

（7）掃刀——刀刃朝左或朝右平斬，高度在腰下至腳踝之間為掃，力達刀刃。旋轉掃刀，要求旋轉身體一周以上，攻其下盤。

（8）抹刀—— 刀刃朝左或朝右，由前向左或（右），隨體旋轉弧形回抽為抹，高度在頭下腰上，力達刀刃。旋轉抹刀要轉身一周以上。

（9）按刀——右手持刀，左手按於刀背或右手腕，刀刃向下，向下平按。高度與腰平為平按壓刀，按近地面為低按壓刀。

（10）架刀——右手持刀，左手附於刀背或右手腕部，刀刃朝向上，橫刀由下向上為架。刀高過頭，力達刀身，手心向外、向上。

（11）藏刀——刀身橫平藏於腰後，刀尖向後，刀刃向外為攔腰藏刀；刀身直立藏於臂後為立藏刀；刀身平直，刀尖朝前，刀刃朝下，藏於胯側後為平藏刀。

（12）托刀——左手持刀，左臂下垂，刀尖向上，刀刃向前，刀背貼於左臂前，為立托刀；刀柄朝前，刀背貼於左臂向前平舉為平托刀；右手持刀，屈臂上托，刀刃朝上，刀背貼於肩上為上托刀。

（13）背刀——右臂上舉，刀背貼靠右臂和後背右側為後背刀；右臂側平舉，刀背順貼於右臂和右肩為肩背

刀。

（14）撩刀──刀刃由下向前上方為撩；力達刀刃前部。正撩是刀沿身體右側貼身弧形向右上方撩出；反撩是前臂內旋，反臂向前撩刀，刀沿身體左側向前上方撩出；刀從前後方沿身體右側向右後方反臂撩刀為後撩。

（15）剪腕花──以手腕為軸，刀在臂兩側向下貼身立圓繞環，隨身旋轉，刃背分明。

（16）撩腕花──以手腕為軸，刀在臂兩側向上貼身立圓繞環，隨身旋轉，刃背分明。

（17）掛刀──刀柄在上，刀尖在下為掛；刀尖由上向下，刀柄朝上為掛刀。

（18）格刀──右手持刀，左手附於刀背，刀尖朝上或朝下立刀橫推為格，格是格擋的意思，與攔、截相似。

（19）滾刀──右手持刀，翻轉手腕，使刀刃、刀背、刀尖翻轉滾動為滾刀。

（20）推刀──右手持刀，左手附於刀背或右手腕部，刀刃向外，刀背向裡，向左、向右、向前、向外推擋為推刀。

（21）雲刀──刀在頭頂或前上方平圓繞環為雲刀。

（22）挑刀──刀背朝上，刀尖由下向上為挑刀，力達刀尖。

（23）崩刀──以手腕下沿的抖勁，使刀尖猛力向前上方挑為崩刀，速度要快，力達刀尖。

五、單刀的構造、標準與握法

1. 刀（單刀）構造及部位名稱

以中國武術單刀為例。刀由刀尖、刀刃、刀背、護手、刀柄、刀首、刀彩組成。（詳見下圖）

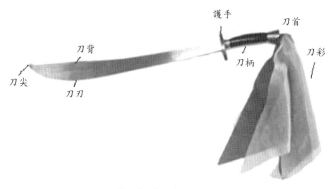

單刀構造及部位名稱

2. 單刀規格

單刀的長度因人而異。一般在左臂下垂，立托刀姿勢時，刀尖不低於耳輪的上端為准，高不過頭，低不過耳。輕重隨意，因人而異。

3. 刀的基本握法

（1）**左手握刀法**——拇指和虎口壓住護手，食指與中指夾住刀柄，無名指與小指托住刀盤，使刀背貼靠在左小臂裡側大臂外側，刀刃朝前，刀尖朝上，刀身要垂直於身體左側。

（2）**右手握刀法**——右手虎口靠貼護手，五指屈握刀柄，隨刀法的變化，適當調整握刀的鬆緊和力度。

新編 45 式陳式太極刀簡介

一、陳式太極單刀的歷史與發展

陳式太極單刀是中國武術刀術的一種。陳式太極單刀原為十三個動作,故稱「太極十三刀」。後經陳家溝世代演練、改進和發展,逐步形成二十二個動作的陳式太極單刀套路。

根據《陳氏拳械譜》記載,陳式器械中有單刀、雙刀、月牙刀和春秋大刀。

1.「太極十三刀」套路名稱

(1)	護心刀	(2)	青龍出水
(3)	風捲殘花	(4)	白雲蓋頂
(5)	蘇秦背劍	(6)	迎風滾閉
(7)	日套三環	(8)	撥雲望日
(9)	撥草尋蛇	(10)	夜叉探海
(11)	翻身砍	(12)	拖刀敗勢
(13)	懷中抱月		

2. 二十二式套路名稱

(1)	單刀起勢	(2)	護心刀
(3)	青龍出水	(4)	風捲殘花

（5）　白雲蓋頂　　（6）　黑虎搜山

（7）　蘇秦背劍　　（8）　金雞獨立

（9）　迎風滾閉　　（10）腰斬白蛇

（11）日套三環　　（12）撥雲望日

（13）左撥草尋蛇　（14）右撥草尋蛇

（15）青龍出水　　（16）風捲殘花

（17）雁別金翅　　（18）夜叉探海

（19）左翻身砍　　（20）右翻身砍

（21）白蛇吐信（拖刀敗勢）　（22）懷中抱月

3. 陳式太極單刀歌訣

「十三刀」法妙無窮，旋轉變化身法中。

閃砍劈踩圈中技，護心刀法勢不停。

攔截轉環破敵械，青龍出水勢如風。

風掃殘花取敵頸，血染刀刃映日紅。

轉身踩腳風雷勢，黑虎搜山刀向空。

風掃殘花又一勢，蘇秦背劍勢藏龍。

金雞獨立目似電，迎風滾閉鬼神驚。

腰斬白蛇按上勢，風掃殘花快如風。

日套三環如龍轉，撥雲望日似貓靈。

撥草尋蛇尋針勢，往復轉換勢不停。

青龍出水騰空起，風掃殘花護神龍。

雁別金翅八方勢，夜叉探海取金龍。

左翻身砍右翻身砍，白龍吐信腰中纏。

拖刀敗勢懷中月，不遇知己莫輕傳。

　　據陳正雷《陳式太極拳械匯宗（一）》中講：陳式太極單刀「是 1930 年至 1938 年著名太極拳師、陳氏十八世傳人陳照丕在南京授拳時，在原十三式的基礎上增加了 9 個動作，成為現在陳家溝所流傳的太極單刀套路」。

　　陳式太極單刀由於套路短，動作少而快，演練時間較短，往往影響鍛鍊和比賽效果。

　　為了適應當前社會表演比賽和健身養生的需求，我們在原二十二式陳式太極單刀的基礎上創編了「四十五式陳式太極單刀」。

　　在不改變原動作結構和基本刀法的基礎上，略作調整和補充，增加了十幾個方向相反的重複式子。因為方向相反，重複式子並不顯重複，並透過幾個相應的轉關式子聯接，更顯得自然貫通而流暢。

　　由原來不足一分鐘的演練時間，延長為 3 分鐘左右。既增加了健身強度和比賽表演效果，也使陳式太極單刀由十三式到二十二式再增加到四十五式，動作更加充實、完美、完善。

二、陳式太極單刀的風格特點

　　陳式太極刀與陳式太極拳的風格特點基本相同。陳式太極拳和器械創於明末清初，由於時代的需求，當初偏重於技擊攻防作用，其目的是為了「臨陣實用、保家衛國」。都是為實戰需要而創編的。

　　陳式太極拳和器械套路中的招式，吸收了各派拳術技法的精華，以太極陰陽之理為依據，外柔內剛，螺旋纏

絲，獨樹一幟，自成一體。各種器械之術大都從屬某一拳種，其技法規範和運動風格基本與拳類同。

震腳發力，鬆活彈抖，快慢相間，剛柔相濟。其刀法樸實無華，動作靈活多變，進退自如，實用性很強。無論動作快慢，都以腰胯鬆活為主要，刀身、刀刃、刀尖、刀背滾動運用，對劈、砍、扎、攔、格、斬、撩等刀法，都以滾刀纏腕，纏頭裹腦、繞背纏腰等來體現。

總的說，陳式太極單刀套路短小精悍，力勁勢猛，急速快捷，氣勢雄渾，勇猛彪悍。演練起來處處以腰為軸，回旋纏繞，劈砍扎撩，威風凜凜，刀風嗖嗖，剛勁有力。由於它有快有慢，有剛有柔，快速流暢，鬆柔有度，剛而不硬，快慢有節，刀法清晰，演練起來別具一格。

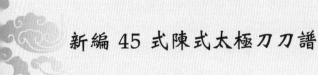

新編 45 式陳式太極刀刀譜

第一段

預備勢

一、單刀起勢	二、護心刀
三、青龍出水	四、風捲殘花
五、弓步雲斬	六、白雲蓋頂
七、黑虎搜山	八、獨立橫刀
九、丁步下刺	十、蘇秦背劍
十一、金雞獨立	十二、迎風滾閉
十三、腰斬白蛇	

第二段

十四、日套三環	十五、撥雲望日
十六、左撥草尋蛇	十七、右撥草尋蛇
十八、青龍出水	十九、風捲殘花
二十、丁步截刀	二十、蘇秦背劍
二十二、金雞獨立	二十三、迎鋒滾閉
二十四、腰斬白蛇	

第三段

二十五、日套三環　　二十六、撥雲望日
二十七、左歇步攔　　二十八、右歇步攔
二十九、青龍出水　　三　十、風捲殘花
三十一、弓步雲斬　　三十二、倒捲肱
三十三、腰斬白蛇

第四段

三十四、馬步劈刀　　三十五、雁別金翅
三十六、夜叉探海　　三十七、左翻身砍
三十八、右翻身砍　　三十九、白蛇吐信（一）
四　十、回身反撩　　四十一、白蛇吐信（二）
四十二、懷中抱月　　四十三、轉身平抹
四十四、弓步扎刀　　四十五、收刀還原
收勢

動作名稱與分動提示

第一段

預備勢

1. 並步直立　2. 分腳站立

一、單刀起勢

1. 左轉掤臂　2. 下塌前推　3. 右轉變捋　4. 鏟腳推掌

5. 弓步前擠　6. 虛步撩刀　7. 提膝衝拳　8. 砸拳震腳

二、護心刀

1. 左轉交刀　2. 撤步抽刀　3. 右轉背刀　4. 虛步按刀

三、青龍出水

1. 獨立橫刀　2. 左轉格刀（攔）　3. 歇步壓刀

4. 上步合刀　5. 弓步扎（刺）刀

四、風捲殘花

1. 左轉合刀　2. 上步纏頭刀　3. 歇步藏刀

五、弓步雲斬

1. 立身分刀　2. 上步裹腦刀　3. 弓步雲斬

六、白雲蓋頂

1. 左轉上抽刀　2. 仆步下壓刀　3. 虛步架刀

七、黑虎搜山

1. 獨立掛刀　2. 虛步合刀　3. 弓步扎刀

八、獨立橫刀

1. 虛步抽刀　2. 獨立分刀

九、丁步扎刀

1. 上步抽刀　2. 丁步扎刀

十、蘇秦背劍

1. 左轉推掌　2. 丁步背刀

十一、金雞獨立

1. 上步抽刀　2. 獨立推（抹）刀

十二、迎風滾閉

1. 虛步分刀　2. 左轉挫（滾）刀

十三、腰斬白蛇

1. 扣步別刀　2. 轉身平斬（360 度）　3. 上步背刀

4. 撤步裹腦刀　5. 右轉抽刀　6. 虛步藏刀

7. 獨立藏刀

第二段

十四、日套三環

1.（1）獨立分刀　（2）左轉斜劈　（3）上步分刀

（4）歇步（插步）下劈　（5）左轉平掃 360 度

2.（6）上步分刀　（7）歇步下劈

（8）左轉平掃 360 度

3.（9）上步分刀　（10）歇步下劈

（11）左轉平掃 360 度

十五、撥雲望日

1. 上步分刀　2. 歇步下掃　3. 轉體反撩

4. 虛步抽刀　5. 弓步撩撥　6. 虛步托刀

十六、左撥草尋蛇

1. 上步分刀　2. 歇步下掃

十七、右撥草尋蛇

1. 鏟腳別刀　2. 歇步橫掃

十八、青龍出水

1. 虛步合刀　2. 弓步扎刀

十九、風捲殘花

1. 左轉合刀　2. 蓋步纏頭刀　3. 歇步藏刀

二十、丁步截刀

1. 上步別刀　2. 丁步下截

二十一、蘇秦背劍

1. 轉體推掌　2. 丁步背刀

二十二、金雞獨立

1. 上步抽刀　2. 獨立推刀

二十三、迎風滾閉

1. 上步分刀　2. 左轉挫刀

二十四、腰斬白蛇

1. 扣步別刀　2. 轉身平斬（360 度）　3. 上步背刀
4. 撤步裏腦刀　5. 右轉抽刀　6. 虛步藏刀　7. 獨立藏刀

第三段

二十五、日套三環

1. （1）獨立分刀　（2）左轉斜劈　（3）上步分刀
　　（4）歇步（插步）下劈　（5）左轉平掃 360 度
2. （6）上步分刀　（7）歇步插步下劈
　　（8）左轉平掃 360 度
3. （9）上步分刀　（10）歇步插步下劈
　　（11）左轉平掃 360 度

二十六、撥雲望日

1. 上步分刀 2. 歇步下掃 3. 轉身弓步上撩

4. 虛步抽刀 5. 弓步撩撥 6. 虛步托刀

二十七、左歇步攔

1. 鏟腳推刀 2. 插步攔刀（歇步推攔）

二十八、右歇步攔

1. 上步推刀 2. 歇步推攔

二十九、青龍出水

1. 虛步合刀 2. 弓步扎刀

三十、風捲殘花

1. 左轉合刀 2. 上步纏頭 3. 歇步藏刀

三十一、弓步雲斬

1. 立身分刀 2. 上步裹腦刀 3. 弓步雲斬

三十二、倒捲肱

1. （1）虛步抽刀（2）撤步反撩（3）弓步前撩

2. （4）右轉抽刀（5）撤步反撩（6）弓步前撩

3. （7）虛步抽刀（8）撤步反撩（9）弓步前撩

三十三、腰斬白蛇

1. 撤步抽刀 2. 撤步別（扣）刀 3. 丁步平斬 180 度

第四段

三十四、馬步劈刀

1. 左轉推掌 2. 上步斜劈 3. 上步合刀 4. 馬步劈刀

三十五、雁別金翅

1. 左轉扣刀 2. 獨立別刀（藏刀）

三十六、夜叉探海

1. 原地震腳　2. 鏟腳抽刀　3. 弓步下刺

三十七、左翻身砍

1. 獨立抽刀　2. 虛步背刀　3. 弓步下劈

三十八、右翻身砍

1. 獨立抽刀　2. 虛步背刀　3. 弓步下劈

三十九、白蛇吐信

1. 虛步架刀　2. 上步沉刀　3. 弓步上扎刀

四十、回身反撩

1. 仆步壓刀　2. 弓步反撩

四十一、白蛇吐信

1. 左轉抽刀　2. 虛步上架　3. 上步沉刀

4. 弓步上扎刀

四十二、懷中抱月

虛步抱刀

四十三、轉身平抹（帶）

1. 撤步別刀　2. 右轉平抹（帶）360度　3. 退步平斬

四十五、弓步扎刀

1. 右轉合刀　2. 弓步扎刀

四十五、收刀還原

1. 右轉纏頭刀　2. 左轉交刀　3. 左轉撩刀彩

4. 托刀平舉　5. 分臂下落

收勢

1. 分腳直立　2. 收腳並步

動作與圖解說明

預備勢

1. **並步直立**：雙腳併攏，面南而立。左手托刀，大拇指扣住護手，食指和中指夾住刀柄，無名指和小拇指托住護手，刀尖朝上，刀刃向外（前），刀背直立貼於左臂。右手臂自然下垂於身體右側。立身中正安舒，全身放鬆，兩眼平視，舌頂上齶，頭微上領，平心靜氣，精神內守，心神合一，呈無極狀態（圖預-1）。

圖預-1

2. **分腳站立**：心有所想，意有所動，準備打刀。沉氣鬆胯，重心移至右腿，左腳抬起向左橫跨半步，與肩同寬，兩腳成川字步。上體不動，保持立身中正，目視正前方（圖預-2）。

圖預-2

【要點】預備勢很重要，這是打拳（械）的前奏，是從無極到太極，從無到有，從靜到動的過程。所以預備勢首先要平心靜氣，身體鬆下來，排出一切雜念，把心理專注到練刀上來。

第一段

一、單刀起勢

1. **左轉掤臂**：身體微微左轉，同時兩臂向前掤舉，高與肩平。左手托刀，微偏於身體左側，右手在前胸，不超過身體的中心線，掌心向下，指尖超前。目視正前方（圖1-1）。

2. **下塌前推**：身體微微右轉，同時兩手臂隨身體右轉，下沉塌至腰間。左手托刀在胸前，右手掌下塌至右腰外側。緊接著身體微微左轉。同時兩手隨體左轉前推，左手托刀推至左前上方，高與肩平；右手前推至胸前中心線，用小魚際領勁，指尖斜向下。目視左前方（圖1-2）。

3. **右轉變捋**：兩腿不動，重心移至左腿，身向右轉60度，右腳尖外擺60度。同時兩手臂隨身體右轉揚指塌腕，向右托捋。左手托刀至胸前，掌心向上；右手捋至右膝前上方，高與肩平，掌心向外，指尖斜向上，大魚際領勁，成斜立掌。目視左前方（圖1-3）。

4. **鏟腳推掌**：重心移至右腿，屈膝下沉，左腿抬起並屈膝向裡合，腳尖外翹，腳跟裡側貼地向左前方鏟出。同時兩手向右後方平推，左手托刀至胸前；右手掌推至右膝的前上方，高與肩平，掌心向外，大魚際領勁，指尖斜向上，成斜立掌；右肘與右膝上下相合，在一條垂直線上。目視左前方（圖 1-4）。

5. **弓步前擠**：身體微微向左轉，左腳尖向前擺正，重心前移至左腿，左腳踏實，腳尖向前，右腳尖微裡扣，成左弓步；同時左手托刀，隨體轉向前掤擠，於左膝上方；右手隨體轉前移，順纏下合於右膝前上方；掌心向前，指尖斜向下。目視正前方（圖 1-5）。

6. **虛步撩掌**：身體微微下沉，重心向前移至左腿，右腿蹬腳上步，前腳掌著地，成右虛步。同時左手托刀，逆纏上撩順纏回落至胸前；右手掌隨重心前移向前撩掌至胸前，與左手托刀相合，掌心向上，指尖向前。目視正前方（圖 1-6）。

圖 1-7

圖 1-8

7. 提膝衝拳：重心完全移至左腿，右腿提膝上頂，成左獨立步。同時左手托刀下沉至腰間；右手變拳向上衝拳，拳心向裡，高與鼻平。目視正前方（圖 1-7）。

8. 砸拳震腳：重心不變，活腰沉胯，砸拳震腳，右拳屈臂變橫拳，下砸至腰間；右腿同時隨活腰沉胯，落腳下震，全腳掌著地，兩腳仍與肩同寬，成川字步。目視正前方（圖 1-8）。

【要點】單刀起勢就是金剛搗碓。一亮相就要顯出陳式太極刀的風格特色。鏟腳與推掌，提膝與衝拳，砸拳與震腳動作要同步、協調一致，砸拳要有力，震腳要有聲。

二、護心刀（護胸刀）

圖 2-1

1. 左轉交刀：身體微微左轉，同時左手托刀向左外翻腕，刀刃向外。同時右手變掌，隨體轉握住刀柄，準備抽刀。目視左前方（圖 2-1）。

2. **撤步抽刀**：重心移至左腿，右腳向右後撤一大步。同時，左手交刀後變掌前推（左）；右手握刀，向右後快速抽刀於身體的右後方，刀尖斜向下，刀刃斜向後。目視左前方（圖 2-2）。

3. **右轉背刀**：身向右轉，重心後移至右腿，左腳回收至右腳裡側，前腳掌點地，成左虛步。同時右手持刀，向右後翻腕掄刀，使刀背至頭右後上方，刀刃向外向上，刀尖斜向後下；左手同時也隨體右轉，回收至右胸肩前。目視左前方（圖 2-3）。

4. **虛步按刀**：身向左轉，左腳抬起向左前伸，前腳掌著地，成左虛步。右手持刀從後向上向前掄臂半圈，下劈至前胸腰之間，刀柄斜向下，刀尖斜向前上，刀刃向前下方成 45 度。同時，左手從右肩前向下按於刀背中部。目視正前方（圖 2-4）。

圖3-1

【要點】護心刀是立個
門戶，要有神氣。撤步抽
刀，要快，而且乾淨俐索；
虛步按刀（立刀）要慢而沉
穩，凝神靜氣，有蓄而待發
之勢。

三、青龍出水

1. **獨立橫刀**：重心完全
移至右腿，身微右轉，左腳抬起，成右獨立步。同時雙手
持刀（右手握刀，左手按於刀背），隨體右轉向右翻轉，
橫刀於胸前，刀尖向左，刀刃向外，刀柄向右。目視左前
方（圖3-1）。

2. **左轉格刀**：身體急速左轉，左腳跟落地，腳尖外擺，
成左虛步（半歇步）。同時雙手持刀，隨身左轉擰腰，旋
腕，由橫刀變立刀向左格攔，刀尖向上，刀刃向左，刀柄向
下；左手仍按於刀背中部，掌心向外，指尖向前。目視刀尖

圖3-2

圖3-2 正面圖

（圖 3-2 和
圖 3-2 正面
圖）。

3. **歇步壓刀**：身體繼續左轉，重心前移至左腿並屈膝下沉，成歇步。雙手持刀平壓，刀尖向前，刀刃向外，刀柄在後；右手握刀至身體左腰間，左手向前按壓住刀面。目視右前方（圖3-3 和圖 3-3 正面圖）。

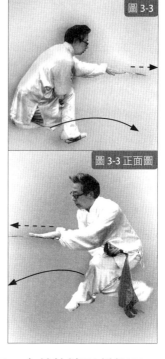

4. **上步合刀**：起身直立，重心移至左腿，右腿向右前方上步。同時右手持刀隨體前移，托刀於左胸前；左手回抽，合於右手腕部，刀刃平行向外，刀尖向右前方，成蓄而待發之勢。目視右前方（圖 3-4）。

5. **弓步扎刀**：重心前移至右腿，成右弓步。同時右手持刀，向前快速平刺扎刀，刀、臂成一直線，高與肩平，刀尖向前，刀刃向左，刀背向右；左手分掌向左後方平推，掌心向外，指尖斜向上，成斜立掌，高與肩平。目視刀尖（圖 3-5）。

圖 4-1

圖 4-1 正面圖

【要點】獨立橫刀，轉體格刀、壓刀，要乾淨快捷、俐索，一氣呵成。這是格開、壓住對方的兵器，順勢強攻的招法。如對方是長槍刺來，我立刀向外格開，再向下平壓，左手抓住槍頭，右手持刀順槍桿直刺。關鍵是快而有力，扎刀要有聲，大有青龍出水、猛虎下山之勢。

四、風捲殘花

1. **左轉合刀**：身向左轉，重心後移至左腿。同時右手持刀，隨體轉回抽左帶，與左手相合於身體左側，高度在胸腰之間，刀尖斜向左下方，刀刃向左；左手按附於右手腕部。目視刀尖（圖 4-1 和圖 4-1 正面圖）。

2. **上步纏頭刀**：身向右轉，重心前移至右腿，左腳蓋步向前。同時右手持刀，翻轉上舉，貼身繞頭一周至右肩上方，刀柄斜向上，刀尖斜向下，刀刃向外，刀背緊貼後背與右肩；左手先合臂向上，再分臂向後至身體左側，掌心斜向下，高度與腰平。目視正前方（圖 4-2 和圖 4-2 正面圖）。

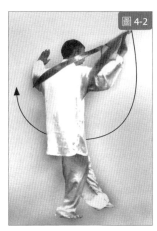

3. **歇步藏刀**：身體微向左轉，重心前移至左腿並屈膝下沉，成歇步。同時右手持刀，繼續從頭上向左下方掄抽，至左臂腋下再翻腕別刀，讓刀背緊貼左背，藏刀於左臂背後，刀尖斜向上，刀刃向外，刀柄藏於腋下腰間。左手合於右胸前方，掌心向前，指尖向上成立掌。目視正前方（圖 4-3 和圖 4-3 正面圖）。

【要點】顧名思義，風捲殘花是形容刀快如風，纏頭刀就像旋風席捲殘花一樣。因此，纏頭刀一定做得快捷，並於歇步藏刀緊密配合，乾淨俐索。

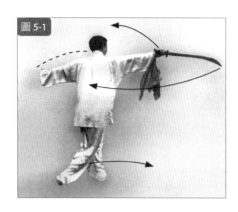

五、弓步雲斬

1. **立身分刀**：立身站起，右手持刀從左臂腋下向身體右上方撩刀，刀尖斜向上，刀刃朝外。同時，左手後分，掌心向下，高與胸平。目視右前方（圖5-1）。

2. **上步裹腦刀**：重心移至左腿，右腳向右前方上步，腳跟先著地。同時右手持刀，屈臂後翻腕至右肩上方，刀柄向上，刀背緊貼右肩與後背，刀尖向下，刀刃向外，左手合於右手小臂，掌心向前。目視右前方（圖5-2和圖5-2正面圖）。

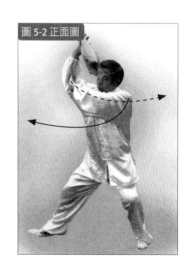

3. **弓步雲斬**：重心向前移至右腿，成右弓步。同時右手持刀繞頭一周，向前平斬，刀尖向前，刀刃朝右，刀背朝左，高與肩平，刀、臂成一條直線；同時左手分臂向左，掌心向後，指尖斜向上，成斜立掌。目視刀尖（圖5-3）。

【要點】弓步雲斬主要是走好裹腦刀，在保護好自己上身的情況下，硬向前衝。雲斬就是刀繞頭一周向前平斬，刀與手的分合要與上步協調一致。刀快步慢，不僅刀法要清晰，陰陽頓挫分明，快慢相間，而且還要節奏鮮明、動作連貫，功架舒展大方。

六、白雲蓋頂

1. 左轉抽刀：身微左轉，重心後移至左腿，成半仆步。同時右手持刀內旋，擰腕、翻刀走上弧回抽於身體的左上方，刀刃向上，刀柄向左，刀背朝下，刀尖向右（前）；左手掌向上合於右手腕部。目視刀尖（圖6-1）。

2. 仆步壓刀：身向左轉，重心移至右腿，並且身體下沉，成左仆步。同時右手持刀回帶下壓，接近地面，刀尖朝左，刀刃向下，刀背朝上；左手掌心向下按壓在刀背之上。目視刀尖（圖 6-2 和圖 6-2 正面圖）。

圖 6-1

圖 6-1 正面圖

圖 6-2

圖 6-2 正面圖

3. **虛步架刀**：左腳回收半步，與肩同寬，成半蹲步。重心仍在右腿，左腳前腳掌著地。同時雙手持刀，由下向上平推上架至頭頂上端。刀刃向上，刀背朝下，左手掌仍托於刀背中段，掌心朝上。目視左前方（圖 6-3 和圖 6-3 正面圖）。

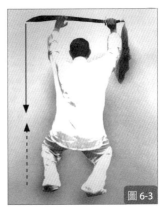

圖 6-3

【要點】此勢是下壓上架之勢。身體左右上下開合比較大，要有較好的基本功。回身抽刀撐腕翻刀要快，從右至左要走上弧。虛步架刀時要屈膝下沉，身體上體要中正，有領勁，使身體有對拔拉長之意。

圖 6-3 正面圖

七、黑虎搜山

1. **獨立掛刀**：身體微左轉，重心全部移至右腿，左腿提膝上頂，成右獨立步。同時雙手持刀，由頭上向身體的左前下方下扎，刀成倒掛，刀尖向下，刀柄朝上，刀刃向外（前）。目視刀尖（圖 7-1）。

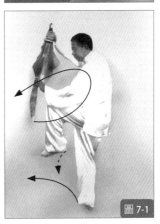

圖 7-1

圖 7-2

圖 7-3

2. 虛步合刀：身體繼續左轉，左腳外擺下落震腳，並將重心移至左腿，右腳抬起向前上步，腳跟先著地，成右虛步。同時右手持刀下翻上挑，刀尖從下向左向上，再向右走一立圓，滾刀向前，刀尖向右，刀刃向上，刀柄朝左，平直合於身體左側胸前。左手由刀中部回收，合於右手內側。目視右前方（圖 7-2）。

3. 弓步扎刀：右腿前弓，重心前移至右腿，成右弓步。同時右手持刀，平直向右前方平刺，刀臂成一直線。刀尖向前，刀背向下，刀刃朝上，刀與肩平。左手向左後方平推，高與肩平，掌心向外，指尖斜向上。目視正前方（圖 7-3）。

【要點】提膝左轉撐腰格刀倒掛，要合住腰勁；轉體震腳，翻轉合刀，動作要協調一致；弓步扎刀要快速有力，彈抖有聲，刀刃向上。

八、獨立橫刀

圖 8-1

1. **虛（撤）步抽刀**：身微左轉，將重心後移至左腿，右腳回收半步，前腳掌著地，成右虛步。同時右手持刀，回抽至左胸前，刀尖朝前上方，刀刃朝上；左手掌合按附於右手腕部。目視右前方（圖 8-1）。

2. **獨立分刀**：身向右轉，重心全部移至左腿，右腿提膝上頂，成左獨立步。同時右手持刀，先向左再向右分刀下掃，橫於右膝前下方，高與腰平，刀刃向外；左手分掌於左肩左上方，掌心斜向上，高與頭平。目視前下方（圖 8-2 和圖 8-2 正面圖）。

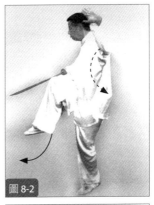

圖 8-2

【要點】左轉抽刀必須鬆腰坐胯，獨立橫刀重心要穩定，膝向上頂過腰，腳尖下扣。這是以退為進，當對方槍向我腿部刺來，我重心後撤同時提起右膝，在保護我腿的同時，右手持刀橫攔，格開對方的兵器。所以獨立步要穩，與提膝橫刀動作協調一致。

圖 8-2 正面圖

圖 9-1

九、丁步扎刀

1. **上步抽刀**：身體重心下沉，右腳向右前方上步，腳跟著地。同時右手持刀，向右後方回抽至右胯外側，刀尖向前，刀刃朝下；左手同時下落回收至左胯外側，掌心向下。目視右前方（圖 9-1）。

2. **丁步扎刀**：上步不停，右腳全腳掌著地，身體重心向前，全部移至右腿，並屈膝下蹲，左腳跟步落至右腳裡側，前腳掌著地，雙腳成丁步。同時右手持刀隨重心前移快速向右前下方直刺，刀、臂成一直線；左手掌合於右大臂上，掌心向外，成立掌。目視右前下方（圖 9-2 和圖 9-2 正面圖）。

圖 9-2 正面圖

圖 9-2

【**要點**】此勢緊接上勢，格開對方兵器，順勢向對方猛刺。上步抽刀，丁步下刺，攻其下身，所以要蹲身下勢，快速猛進，刀、臂成一直線，斜向前下方。上步與抽刀要對稱，丁步下刺與屈膝下蹲要協調，扎刀要快速有力。

十、蘇秦背劍

1. 左轉推掌：回身向左後轉體，左腳向左後方撤一大步，腳跟著地。同時左手收回，並隨身體左轉回身向左前方推掌，掌心向前，指尖朝上成立掌；右手持刀順纏翻腕，刀刃朝上。目視左前方（圖 10-1）。

2. 跟步背刀（丁步）：身體繼續左轉，左腳尖外擺，

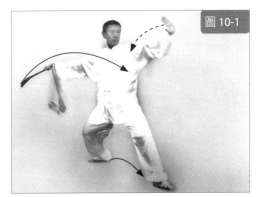

圖 10-1

全腳掌著地。同時重心向前移至左腿，並屈膝下沉。右腳隨重心前移，跟步至左腳裡側，腳尖點地，成丁步。同時，右手持刀回抽至右肩上方，刀背貼在右肩上，刀刃朝上，刀柄向前，左手合於右手腕部，頭微右轉。目視右後方（圖 10-2）。

圖 10-2

【要點】這是退守防禦的刀法。刀刃向上，刀背貼身護體，隨之虛步下沉，準備反擊對方，所以動作要輕靈。

圖 11-1

十一、金雞獨立

1. 上步抽刀：身向左轉，重心全部移至左腳。右腳向右前方上步，腳跟先著地。同時，右手持刀前抽至胸前，刀刃朝前，刀尖斜向上；左手掌順勢前推按在刀背中部。目視右前方（圖11-1）。

圖 11-2

2. 獨立推刀（抹）：身向右轉，右腳落實，重心全部移至右腿，左腿抬起並收腳頂膝，成右獨立步。同時雙手持刀，隨體右轉向右前方推抹。刀高與肩平，刀尖向左，刀刃向外；左手掌推按在刀背上，掌心向外。目視左前方（圖11-2）。

【要點】獨立步要沉穩，雙手推刀，帶有橫向推抹之意，橫刀在胸前，雙手推刀橫帶，刀刃朝外不要離胸太近，兩臂要似展非展。要高抬膝，似金雞獨立，目視左前方，要有氣勢。

十二、迎風滾閉

1. **虛步分刀**：左腳向左前方落步，腳跟著地，腳尖上翹，身體重心仍在右腿，重心微下沉，成左虛步。同時右手持刀外抽，刀尖斜向左下，刀刃仍向外；左手分掌向左前下方，掌心向下。目視左下方（圖 12-1）。

2. **左轉挫刀（滾刀）**：身微左轉，重心下沉。同時右手持刀隨體左轉，順纏旋腕翻轉刀刃滾刀下刺，刀尖斜向下，刀刃由外向裡；左手掌合於右手腕部。目視刀尖（圖12-2）。

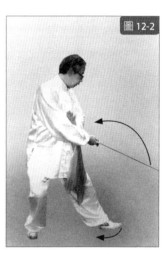

【要點】旋腕滾刀下刺，走纏絲勁。活腰沉胯，挫刀下刺，要狠、準、快而有力，刀鋒有聲。

十三、腰斬白蛇

1. **扣步別刀**：重心不變，身向右轉，左腳尖裡擺內扣，扣膝合襠。同時右手持刀，原地逆纏翻腕內扣，別刀於左腰間，刀背向裡，刀刃向外，刀尖向後；左手仍按於右手腕部。頭微右轉。目視右後方（圖13-1）。

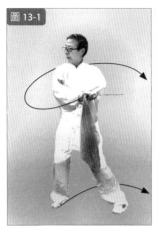

2. 轉身平斬：重心全部移至左腿，身向右轉 180 度。同時右腿隨體右轉，並以左腿為軸，撤步半周，腳跟著地，成右虛步。同時，右手持刀，隨體轉向右後分臂平斬一周 360 度；左手分臂外撐，掌心向外，指尖斜向上，高與肩平。目視刀尖（圖 13-2）。

3. 上步背刀：右腳外擺，並重心前移至右腿，身體繼續右轉 180 度。同時左腿隨體右轉，以右腿為軸上步，腳跟先著地，腳尖內扣，成合步。同時，右手持刀繼續隨體右轉，向右後平斬半圈，再與左手合臂掄刀上舉於頭上，刀把向上，刀背向裡緊貼右肩和後背，刀刃向外，刀尖向身後下方（圖 13-3）。

4. **撤步裹腦刀**：重心移至左腿，身體繼續右轉 180 度。同時，右腿隨體轉以左腿為軸，向後撤步，成左弓步。同時右手持刀，隨體轉繞裹頭腦於左肩上方，刀把向前上方，刀背貼左肩背上，刀刃向上，刀尖向後；左手仍按於右小臂上。目視左前方（圖 13-4）。

圖 13-4

5. **右轉（撤步）抽刀**：身向右轉，重心後移至右腿；左腳回收半步，腳尖點地。同時右手持刀隨體右轉，沉臂抽刀於右腰間，左手仍按於右手腕部。目視右手（圖 13-5）。

圖 13-5

6. **虛步藏刀**：身微左轉，重心全部移至右腿，並活腰沉胯，左腳隨之前伸，前腳掌著地，成左虛步。同時，右手持刀繼續後抽，刀把斜向後上方，刀尖斜向下至右膝外前方，刀刃向後下方。同時，左手掌隨體左轉分臂前推，成立掌。頭也隨體左轉。目視左前方（圖 13-6）。此式也可做成獨立藏刀。

圖 13-6

7. **獨立藏刀**：獨立藏刀與虛步藏刀其實是一式，就是左腳不再前伸，而是提膝上頂。成獨立步（圖13-7）。

【要點】腰斬白蛇，重在腰斬，刀隨腰轉 540 度，即一周半。加大了腰斬的幅度和力度。重在刀步、轉體協調一致。刀隨身像旋風一樣旋轉，快而不亂。最後定式虛步藏刀時，左腳前伸，右手持刀後抽要放慢，左手前推頭的左轉前看要同步。獨立藏刀也可作成虛步藏刀，要有氣勢。

第二段

十四、日套三環

1. **獨立分刀**：重心全部移至右腿，左腿提膝上頂，成右獨立步。同時右手持刀，向右後上方分刀，刀尖斜向上，刀刃向上，左手前分，掌心向前。目視左前方（圖14-1）。

2. **左轉斜劈**：身向左轉，左腳上步，腳跟先著地，腳尖外擺，成蓋步。同時，右手持刀斜劈於胸前，高與腰平，刀尖斜向前，刀刃斜向左下；左手合於右手腕部。目視前方（圖14-2）。

3. 上步分刀（纏頭）：身向左轉，重心前移至左腿，右腿向前上步（或跳步）。同時雙手持刀，翻腕捌臂上舉於頭上，再分臂於右肩上方，刀柄斜朝上，刀背向下貼於右肩和後背，刀尖斜向下。目視右前方（圖 14-3）。

4. 歇步下劈：重心全部移至右腿，左腳向右腿後插步下蹲，成歇步。同時右手持刀分臂下劈，刀刃向下，刀尖向右，高與膝平，力點在刀刃中前部；左手分臂向上至左肩左上方，高過頭，掌心向上。目視刀尖（圖 14-4）。

5. 左轉平掃 360 度（一環）：重心前移至左腿，成半蹲步；兩腳分別捻腳跟開腳尖，向左轉一周 360 度。同時右手持刀，隨體轉蹲步平掃一周 360 度，刀刃向左，刀背向右，隨體轉掃刀一周 360 度，仍回到原地；左手下合於右手腕部。目視刀尖（圖 14-5）。

6. 上步分刀（纏頭）：身向左轉，重心移到左腿，右腳上步（或跳步）。同時雙手持刀，翻腕捌臂掄刀上舉至頭上，再分臂於右肩上方，刀柄斜向上，刀背向下貼於肩背，刀尖斜向下。目視右前方（圖 14-6）。

7. **歇步下劈**：重心移至右腿，左腳向右腳後方插步下蹲，成歇步。同時右手持刀分臂下劈，刀尖向右，刀刃向下，高與膝平。力在刀刃中前部。左手分臂向上至左肩左上方，高過頭，掌心向上。目視刀尖（圖 14-7）。

8. **左轉平掃 360 度（二環）**：重心移至左腿，成蹲步。兩腳分別捻腳跟開腳尖，身向左轉一周，即 360 度。同時右手持刀，隨體轉蹲步平掃一周 360 度，仍回到原地。左手下落合於右手腕部。目視前下方（圖 14-8）。

9. **上步分刀（纏頭）**：身向左轉，重心移至左腿，右腳上步（或跳步）。同時雙手持刀，翻腕掄刀上舉至頭上。再分臂

於右肩上方，刀柄斜向上，刀背向下貼於肩背，刀尖斜向下。目視右前方（圖14-9）。

10. 歇步下劈：重心移至右腿，左腳向右腿後方插步下蹲，成歇步。同時，右手持刀分臂下劈，刀刃向下，刀尖朝右，高與膝平，力在刀刃中部；左手分臂向上至左肩左上方，高過頭。掌心向上。目視刀尖（圖14-10）。

11. 左轉平掃（三環）：重心向前移至左腿，成半蹲步；兩腳分別捻腳跟，開腳尖向左轉一周，即360度。同時右手持刀隨體轉掃刀一周，即360度，仍回到原地；左手下合於右手腕部。目視刀尖（圖14-11）。

【要點】日套三環是主動進攻，為上劈下掃，攻其下盤的刀法。要纏頭躍步硬向前衝，要快而凶猛。但是刀法要清晰。三環掃刀，要蹲步平掃，這是攻擊對方的下盤。旋轉平掃刀一周。不能停，所以要快，太慢了轉不過來（俗稱腳下忙）。

十五、撥雲望日

圖 15-1

1.**上步分刀（纏頭）**：身向左轉，右腳上步（或跳步）。同時雙手持刀，挪臂掄刀上舉至頭上。右手持刀分臂至右肩上方，刀柄斜向上，刀背貼於肩背，刀尖斜向下；左手分臂向左後方，高與肩平，掌心向外。目視右前方（圖 15-1）。

圖 15-2

2.**歇步下掃**：重心移至右腿，左腳向右腿後方插步下蹲，成歇步。同時右手持刀分臂，向右下方劈刀下掃。刀刃向下，刀尖朝右，高與膝平，力在刀刃中部，左手分臂向上至左肩左上方。高與頭平。掌心向外。目視刀尖（圖15-2）。

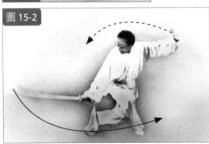

圖 15-3

3.**轉體反撩**：立身站起，同時回身向左後方轉體 180 度。重心移至右腿，成右弓步。同時右手持刀，隨體轉由下向前上方反撩，高與頭平，刀刃朝上，刀尖斜向前，左手隨體轉分臂向左後，高與肩平，掌心向外。目視刀尖（圖 15-3）。

4. **虛步抽刀**：身體繼續左轉，重心後移至左腿。右腿回撤左腳裡側，成右虛步。同時右手持刀走上弧，向左回抽於左胯前，刀尖向後上，刀刃向後下，刀柄向前；左手按於右手腕部。目視左前方（圖 15-4）。

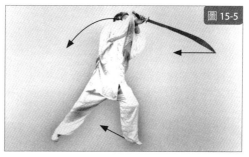

5. **弓步撩撥**：身向右轉，重心後移至左腿，右腿向右後撤步，成左弓步。同時，右手持刀隨體右轉，由下向右前上方撥撩，刀刃向上，刀尖向前，刀把向後。左手仍按於右手腕部，高與頭平，目視刀尖（圖 15-5）。

6.**虛步托刀**：身向右轉，重心移至右腿，左腿回收半步，前腳掌著地，成左虛步。同時右手持刀，隨體右轉回抽托帶，刀刃朝上，刀尖朝左，刀背朝下，高與頭平；左手從右手腕部移至刀背的中部。虎口朝上托住刀背，手心向外合於刀面，目視左前方（圖 15-6）。

【要點】撥雲望日要突出刀的撩撥，實際上是刀繞身體左右各一圈，再向後撤步托刀左望。所以，撤步撥刀回帶要協調一致，胸向前，頭先向右，再回頭眼望左前方，猶如用刀撥開雲霧看日之勢。實際意義是撥撩對方的兵器，回撤一步，抽刀觀望，待機再進。

十六、左撥草尋蛇

1. **上步分刀**：重心全部移至右腿，左腳抬起，向左前方上步鏟腳，腳跟著地，成左虛步。同時右手持刀，向右上方分臂掄刀，刀刃向外，刀尖向右前方，高與肩平；左手分臂向左下方，掌心向下。目視左下方（圖16-1）。

2. **歇步下掃**：左腳落實，重心移至左腿，右腳抬起，從左腿後下方插步下蹲，成歇步。同時右手持刀，隨左轉插步下蹲，向左前方掃刀，高與膝平；刀尖向左前方，刀刃向左，刀面向上；左手合於右手腕部。目視左前方刀尖（圖16-2）。

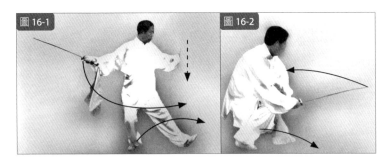

【要點】顧名思義，向左前方撥開草找蛇，身姿要低，所以必須是歇步。注意上步分刀，插步下掃要協調一致。

十七、右撥草尋蛇

1. **鏟腳別刀**：重心移至左腿，右腳向右前方橫跨一步，腳跟裡側先著地，成右虛步。同時右手持刀，逆纏翻腕扣刀（**別刀**）於左腋下，高與腰平，刀尖向左後方，刀刃向外，刀背朝裡；左手仍按於右手腕部。目視右前方（圖 17-1）。

2. **歇步橫掃**：身向右轉，右腳落實，重心移至右腿，左腳抬起，從右腿後插步下蹲，成歇步。同時右手持刀，從左後向右前方分臂橫掃，高與膝平，刀刃向右，刀尖向右前方；左手分臂向上至左肩左前上方，高與頭平，掌心斜向上。目視右前下方（圖 17-2）。

【**要點**】向右前方撥草找蛇，與左撥草尋蛇大致相同。但方向相反，一個左掃刀，一個右掃刀，一個是合手，一個是分臂，但都是歇步。在草中找蛇必須低勢，功夫好的可以做成坐盤，勢子更低。

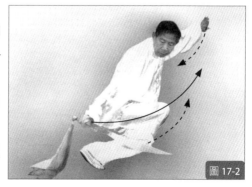

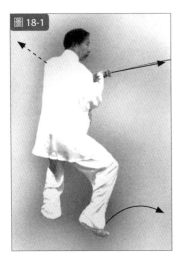

圖 18-1

十八、青龍出水

1. **虛步合刀**：立身站起，重心全部移至右腿，左腿抬起震腳，重心再移至左腿。同時右腳上步，前腳掌著地，成右虛步，並屈膝下沉。同時右手持刀，翻腕滾刀左帶，與左手合於左胸；刀尖向前，刀刃向外。目視右前方（圖 18-1）。

2. **弓步扎刀**：右腿上步，並將重心移至右腿，成右弓步。同時右手持刀，快速向前平刺，要走腰勁，突然暴發，高與肩平，刀尖向前，刀刃向左；左手同時分臂向左後方推掌，掌心向外，高與肩平。目視刀尖（圖 18-2）。

【要點】青龍出水與前相同。弓步直刺，要用腰勁彈抖，突然暴發，猶如青龍出水。出刀要快，帶有刀風。

圖 18-2

十九、風捲殘花

1. 左轉合刀：身向左轉，重心後移至左腿，右腳尖抬起，腳跟著地，成右虛步。同時右手持刀，隨體左轉，回帶至身體左下方，高與腰平，刀尖斜向左下方，刀刃向左；左手合於右手腕部。目視右前方（圖 19-1）。

2. 上步纏頭刀：重心前移至右腿，左腳從右腿前方上步，成叉步。同時右手持刀，從下往上逆纏翻腕提刀繞頭一周，至頭右上方，刀柄斜朝上，刀尖斜向下，刀背貼右肩和後背；左手隨右臂上挪於頭上，再分臂向左後分掌，掌心向外，高與肩平。目視右前方（圖 19-2 和圖 19-2 正面圖）。

3. 歇步藏刀：屈膝下沉，成歇步。同時右手持刀，從身右上方向左後掃刀至左後方，並翻腕別刀於左腋下，刀尖斜

向上，刀刃向後，刀背緊貼於左臂後；左手合臂立掌於胸前，掌心向前，目視前方（圖 19-3 和圖 19-3 正面圖）。

圖 19-3　　　　圖 19-3 正面圖

【要點】風捲殘花，形容刀快如風，像旋風一樣席捲殘花。所以，纏頭刀一定做到快捷，並與歇步腋下藏刀協調一致，乾淨俐索。

圖 20-1

二十、丁步截刀

1. 上步別刀：身體向左轉，重心移至左腿，右腿提起，向右前方上步，腳跟先著地，成右虛步。同時右手持刀，原地翻腕內扣別刀，使刀刃向外，刀尖向左上方；左手合於胸前，掌心向外。目視右前下方（圖 20-1）。

2. **丁步下截**：重心全部移至右腿，左腳跟步，至右腳心裡側，前腳掌著地，成丁步或者半蹲步。同時右手持刀，從左腋下向右前下方截擊；刀、臂要成一條直線，刀尖斜向右下，刀刃向外。左手逆纏分臂，向上推掌至左肩上方，手高過頭，掌心向上。目視刀尖（圖 20-2 和圖 20-2 正面圖）。

【要點】此勢與前「風捲殘花」的前半部分相同，後半部分是弓步雲斬，此勢是丁步下截，丁步要低，成半蹲步，刀尖斜向下，刀、臂成一條斜線。

二十一、蘇秦背劍

1. **轉體推掌**：身向左後轉 180 度，重心全部移至右腿，左腳向左後方上步，腳跟著地，成左虛步。同時，左手向左前方推掌，掌心向前，指尖向上；右手持刀原地順纏上翻，刀刃向上，刀尖仍向右後方。目視左前方（圖 21-1）。

2. 丁步背刀：左腳外擺，身繼續左轉，重心前移至左腿，並屈膝下沉，右腳跟步於左腳心裡側，前腳掌著地，成丁步。同時，右手持刀屈臂回抽於右肩上方，刀柄向前，刀尖向後，刀刃朝上，刀背貼於右肩上；左手掌合於右手小臂上，頭微向右轉。目視右後方（圖21-2）。

【要點】此式是當對方兵器向我背部襲來時，我以靜制動，不躲不閃，用刀刃一墊，順勢攻擊對方，讓對方防不勝防。其動作很快，要輕靈，撤步抽刀，一氣呵成。

二十二、金雞獨立

1. 上步抽刀：重心不變，身向左轉，右腳向右前方上步，腳跟先著地，成右虛步。同時，右手持刀前抽至胸前，刀刃向前，刀背朝裡，刀尖向左前上方；左手掌由右手小臂順刀背向左前方推擠，高與胸平，手掌按在刀背的中部，掌心向外。目視右前方（圖22-1）。

2. **獨立推刀**：右腳落實，身向右轉，重心全部移至右腿，左腿回收提膝上頂，成右獨立步。同時，雙手持刀隨體右轉，重心移至右腿，向右前方平帶推抹；刀刃向外，刀尖向左，高與肩平。目視左前方（圖 22-2 和圖 22-2 正面圖）。

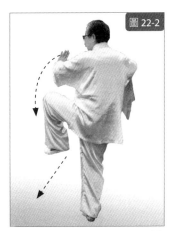

圖 22-2

【要點】獨立步要沉穩，雙手推刀，帶有橫向推抹之意，橫刀在胸前。雙手推刀橫帶，刀刃朝外，不要離胸太近，兩臂不要太直，要似展非展，舒展大方。

二十三、迎風滾閉

圖 22-2 正面圖

1. **上步分刀**：重心不變，身向左轉並屈膝下沉，左腳向左前方上步，腳跟著地，成左虛步。同時右手持刀向右，左手向左，兩臂前分，刀尖向左前下方，刀刃向外。目視左前下方（圖 23-1）。

圖 23-1

2. 左轉挫刀（滾刀）：重心不變，身繼續左轉，同時右手持刀，順纏撐刀發力，滾刀下挫，向左下方扎刺；刀刃由外向裡旋轉 180 度。刀刃向裡，左手合於右手腕部。目視左前下方（圖23-2）。

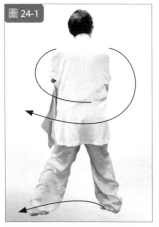

【要點】旋腕撐刀，滾刀下挫要走纏絲勁和彈抖勁，活腰沉胯，左轉挫刀，要狠、準，快而有力，刀帶風聲。

二十四、腰斬白蛇（與前腰斬白蛇方向相反動作相同）

1. 扣步別刀：左腳尖內扣，重心偏移至左腿，身向右轉，兩膝內扣。同時右手持刀，原地逆纏內扣別刀，刀刃由裡向外，使刀背緊貼左後背，刀尖斜向上；左手掌合於右小臂上，頭微右轉。目視右後方（圖24-1）。

2. 轉身平斬：重心全部移至左腿，身向右轉

180 度。同時，以左腿為軸，右腿後撤半周，腳跟著地，

成右虛步。同時右手持刀，隨
體轉向右後分臂平斬 360 度；
左手也分臂外撐，掌心向外，
指尖斜向上，高與肩平。目視
刀尖（圖 24-2）。

圖 24-3

3. **上步背刀**：右腳外擺，
將重心前移至右腿，身體繼續
右轉 180 度。同時，左腿隨體
右轉，以右腿為軸上步，腳跟
先著地，腳尖內扣，成合步。
同時右手持刀，隨體右轉，向
右後平斬半圈，再與左手合臂
掄刀上舉於頭上，刀把向上，
刀背向裡緊貼右肩和後背，刀
刃向外，刀尖向身後下方（圖
24-3）。

圖 24-4

4. **撤步裹腦刀**：重心移至
左腿，身體繼續右轉 180 度。
同時，右腿隨體右轉，以左腿
為軸，向後撤步，成左弓步。
同時右手持刀隨體右轉，繞頭
於左肩上方，刀把向前下方，刀背貼左肩臂上，刀刃向
上，刀尖向後。目視左前方（圖 24-4）。

5. **右轉（撤步）抽刀**：身向右轉，重心後移至右腿；左
腳回收半步，腳尖點地。同時右手持刀隨體右轉，沉臂抽
刀於右腰間，左手仍按於右手臂。目視右手（圖 24-5）。

圖 24-5

6.**虛步藏刀**：重心全部移至右腿，身微左轉，並活腰沉胯，左腳隨之前伸，前腳掌著地，成左虛步。同時，右手持刀繼續後抽，刀把斜向後上方，刀尖斜向下至右膝前方，刀刃向後下方。同時，左手掌分臂前推，成立掌。頭也隨體左轉。目視左前方（圖 24-6，此式也可做成獨立藏刀）。

7.**獨立藏刀**：獨立藏刀與虛步藏刀是一式，就是左腳不再前伸，而是提膝上頂成獨立步（圖 24-7）。

圖 24-6

圖 24-7

【要點】腰斬白蛇，重在腰斬，刀隨腰轉 540 度，即一周半，加大了腰斬的幅度和力度。因此，掄刀腰斬要和撒步轉腰協調一致，刀、身成為一體。腰斬、裹腦、撒步、藏刀像旋風一樣，快而不亂。定式可做成虛步藏刀，也可做成獨立藏刀。

第三段

二十五、日套三環

圖 25-1

1.**獨立分刀**：重心全部移至右腿，左腿提膝上頂，成右獨立步。同時右手持刀，向右後上方分刀，刀尖斜向上，刀刃向上；左手前分，掌心向前。目視左前方（圖 25-1）。

2.**左轉斜劈**：身向左轉，左腳上步，腳跟先著地，腳尖外擺，成叉步。同時，右手持刀斜劈於胸前，高與腰平，刀尖向前，刀刃斜向左下；左手合於右手腕部。目視前方（圖 25-2）。

3.**上步分刀（纏頭）**：身向左轉，重心前移至左腿，右腿向前上步（或跳步）。同時雙手持刀翻腕纏頭，掤臂上舉於頭上，再分臂於右肩上方，刀柄斜朝上，刀背向下，貼於右肩和後背，刀尖斜向下。目視右前方（圖 25-3）。

圖 25-3

圖 25-2

4. **歇步下劈**：重心全部移至右腿，左腳向右腿後插步下蹲，成歇步。同時右手持刀分臂下劈，刀刃向下，刀尖向右，高與膝平，力點在刀刃中部；左手分臂向上至左肩左上方，高過頭，掌心向上。目視刀尖（圖 25-4）。

5. **左轉平掃（一環）**：重心向前移至左腿，成半蹲步；向左轉一周，即 360 度。同時右手持刀，隨體轉蹲步平掃，刀刃向左，隨體轉掃刀一周，即 360 度，仍回到原地；左手下合於右手腕部。目視刀尖（圖 25-5）。

6. **上步分刀（纏頭）**：身向左轉，右腳上步（或跳步），同時雙手捌臂掄刀，上翻至頭上。再分臂於右肩上方，刀柄斜向上，刀背向下貼於肩背，刀柄向上，刀尖斜向下。目視右前方（圖 25-6）。

　　7. **歇步下劈**：重心移至左腿，左腳向右後方插步下蹲，成歇步。同時右手持刀，分臂下劈，刀尖向右，刀刃向下，高與膝平。左手分臂向上撐至左肩左上方，高過頭。目視刀尖（圖 25-7）。

　　8. **左轉平掃（二環）**：身向左轉一周 360 度，同時右手持刀，隨體轉蹲步平掃一周，仍回到原地。左手下合於右手腕部。目視前下方（圖 25-8）。

　　9. **上步分刀（纏頭）**：身向左轉，右腳上步（或跳步），同時雙手搠臂，掄刀上翻至頭上。再分臂於右肩上方，刀柄斜向上，刀背向下貼於肩背，刀柄向上，刀尖斜向下。目視右前方（圖 25-9）。

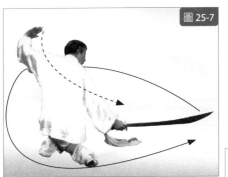

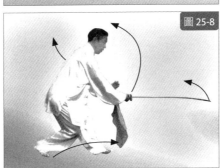

10. **歇步下劈**：重心移至右腿，左腳向右腿後方插步下蹲，成歇步。同時右手持刀，分臂下劈，刀刃向下，刀尖朝右，高與膝平，力在刀刃中部，左手分臂向上，至左肩左上方，高過頭，掌心向外。目視刀尖（圖25-10）。

11. **左轉平掃（三環）**：重心前移至左腿，成半蹲步；向左轉一周，即360度。同時右手持刀，原地平掃，刀刃向左，刀背向右，隨體轉掃刀一周，即360度，仍回到原地；左手下合於右手腕部。目視刀尖（圖25-11）。

【要點】日套三環是主動進攻，上劈下掃，攻其下盤的刀法。要纏頭裹腦躍步向前衝，快而凶猛。刀法要清晰。三個環掃刀，要蹲步平掃，這是攻擊對方的下盤，旋轉平掃刀一周不能停，所以要快，太慢了轉不過來（俗稱腳下忙）。

二十六、撥雲望日

1. 上步分刀（纏頭）： 身向左轉，右腳上步（或跳步），同時雙手捧臂，掄刀上翻至頭上。再分臂至右肩上方，刀背向下貼於肩背，刀柄向上，刀尖斜向下。目視右前方（圖 26-1）。

2. 歇步下掃： 重心移至右腿，左腳向右腿後方插步下蹲，成歇步。同時右手持刀，分臂向右下方劈刀下掃，刀刃向下，刀尖朝右，高與膝平，力在刀刃中部；左手分臂向上至左肩左上方，高與頭平，掌心向外。目視刀尖（圖 26-2）。

3. 弓步上撩： 立身站起，同時回身向左後方轉體 180 度，重心移至右腿，成右弓步。同時右手持刀，隨體轉由下向前上方反撩，高與肩平，刀刃朝上，刀尖斜向前；左手也隨體左轉至左後方，掌心向外，指尖斜向上，成斜立掌。目視刀尖（圖 26-3）。

4. 虛步抽刀：身體繼續左轉，重心後移至左腿，右腳回撤至左腳裡側，前腳掌著地，成右虛步。同時右手持刀走上弧，向左回抽於左胯前，刀尖向後上，刀刃向後下，刀柄向前；左手按於右手腕部。目視左前方（圖26-4）。

5. 弓步撩撥：身向右轉，重心不變，右腿向右後撤步，成左弓步。同時，右手持刀隨體右轉，由下向右前上方撥撩；左手仍按於右手腕部，高與頭平。刀刃向上，刀尖向前，刀柄向後。目視刀尖（圖26-5）。

6. 虛步托刀：身向右轉，重心移至右腿，左腿回收半步，前腳掌著地，成左虛步。同時，右手持刀，隨體右轉回抽，刀尖朝左，刀刃朝上，刀背朝下，高與頭平；左手從右手腕部移至刀背的中部，虎口朝上托住刀背，手心向外合於刀面。目視左前方（圖26-6）。

【要點】左轉回身與反撩，撤步抽刀，右轉撤步撥刀要協調一致，猶如用刀撥雲霧望日。實際意義是撩撥對方的兵器，回撤一大步，虛步抽刀觀望，待機再進。

二十七、左歇步攔

1. **鏟腳推刀**：重心全部移至右腿，身體微微右轉，左腿抬起，向左前方鏟腳上步，腳跟先著地，成左虛步；同時雙手持刀，隨體右轉前推，刀刃向外，刀尖朝左，高與肩平。目視左前方（圖 27-1）。

2. **歇步推攔**：身向左轉，左腳踏實，重心移至左腿，右腿抬起，從左腿後方插步下蹲，成歇步。同時雙手持刀，隨體轉向左前下方立刀前推，刀尖朝上，刀柄向下，刀刃向外，左手仍按推在刀背的中上部。目視左前下方（圖 27-2）。

【要點】此勢與前撥草尋蛇大致相同，都是歇步下蹲的姿勢，只是刀法不同，前者是平掃，後者是立推。

二十八、右歇步（插步）攔

1. **上步推刀**：重心全部移至左腿，立身站起，身向左轉，右腿抬起，向右前方上步鏟腳，腳跟先著地，成右虛步。同時雙手持刀不變，隨體左轉向左推刀，刀尖朝上，刀刃向外；左手仍按於刀背的中前部。目視右前方（圖 28-1）。

圖28-2

2. **歇步推攔**：右腳落實，重心前移至右腿，左腿抬起，向右腿後方插步下蹲，成歇步。同時雙手翻腕持刀，向右前下方推攔，刀尖朝下，刀柄朝上，刀刃朝外；左手仍按於刀背的中前部。目視右前下方（圖28-2）。

【要點】與左歇步攔刀相同，只是方向相反，不再重述。

二十九、青龍出水

圖29-1

1. **虛步合刀（震腳合刀）**：起身左轉，重心全部移至右腿，左腿提起，震腳於右腳裡側，並移重心至左腿，右腳向前上步，腳跟著地，成右虛步。同時右手持刀，隨體左轉，順纏翻腕，回收於左胸前，刀尖向右，刀刃向外，刀背向裡；左手合於右手腕部。目視右前方（圖29-1）。

圖29-2

2. **弓步扎刀（平刺）**：重心前移至右腿，成右弓步。同時右手持刀，隨身體重心前移迅速發力，向前平刺，高與肩平，刀尖朝前，刀刃朝左，刀背朝右；左手分臂向身後推掌，掌心向外，指尖斜向上，高與肩平。目視刀尖（圖29-2）。

【要點】震腳合刀要同步，動作乾淨俐索。右腳上步時身體要微沉蓄勁，弓步向前時迅速從腰間發力出刀前刺，動作要剛勁有力，刀風有聲，猶如青龍躍出水面。刀、臂要形成一條直線。

三十、風捲殘花

1. **左轉合刀**：身向左轉，重心後移至左腿。同時右手持刀，隨體轉回抽左帶，與左手相合於身體左側，高度在胸腰之間，刀尖斜向左下方，刀刃向左，左手按至附於右手腕部。目視刀尖（圖30-1）。

2. **上步纏頭刀**：身向右轉，重心前移至右腿。左腳蓋步向前，同時右手持刀，翻轉刀背上舉，貼身繞頭一周，至右肩上方。刀柄斜向上，刀尖斜向下，刀刃向外，刀背緊貼後背與右肩。左手先合臂向上，再分臂斜向後至身體左側。掌心斜向下高度與肩平。目視正前方（圖30-2）。

圖 30-3

3. **歇步藏刀**：身體微向左轉，重心前移，並屈膝下沉，成歇步。同時右手持刀，繼續從頭上向左下方掄抽，至左臂腋下再翻腕別刀，讓刀背緊貼於左背，藏刀背後，刀尖斜向上，刀刃向外，刀柄藏於腋下腰間；左手合於右胸前方，掌心向前，指尖向上成立掌。目視正前方（圖 30-3）。

【要點】顧名思義，風捲殘花，是形容刀快如風，纏頭刀就像旋風席捲殘花一樣。因此，纏頭刀一定做得快捷，並與歇步藏刀緊密配合，乾淨俐索。

三十一、弓步雲斬

1. **立身分刀**：起身分刀，向右前上方反撩，隨身立起，刀尖由身體左上方走下弧，隨體轉向右前上方反撩，刀尖向前，刀刃斜向上；左手分臂向後，掌心向外，高與腰平。目視刀尖（圖 31-1）。

圖 31-1

2. **上步裏腦刀**：重心全部移至左腿，右腿向前上步。同時右手持刀，翻腕屈臂上提至頭上，走裏腦刀，使刀尖朝下刀刃向外，刀背緊貼肩背，刀把朝上；左手同時也上舉，與右手合於頭上，按於右手腕部。目視右前方（圖31-2）。

3. **弓步雲斬**：身向右轉，重心前移至右腿，成右弓步。同時右手持刀，從頭上繞過左肩，經胸前向右前方平斬；刀尖朝前，刀刃向右，刀背朝左，高與肩平。同時左手向身後分臂撐掌，手心向外，指尖斜向上，高與肩平。目視刀尖（圖31-3）。

【要點】起身分刀、上步裏腦刀和弓步雲斬要一氣呵成。裏腦刀一定要使刀背緊貼肩背，弓步雲斬定勢要使右手刀、臂成一直線，氣勢要磅礴。纏頭裏腦刀，是刀術特有的技法，是在用刀保護自己頭部和上身的前提下，強攻硬上的凶狠技法，充分顯示刀如猛虎的氣勢和威風。

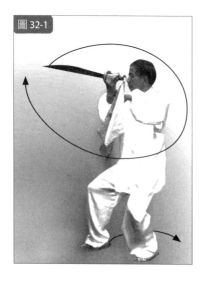

圖 32-1

三十二、倒捲肱

1. **虛步抽刀**：身向左轉，重心後移至左腿，右腳回收，至左腳裡側，前腳掌著地，成右虛步。同時右手持刀，從前向左後方走上弧，順纏翻腕抽刀於身體左側，高與肩平，刀尖斜向前，刀刃斜向上，左手合於右手腕部。目視右前方（圖 32-1）。

2. **撤步反撩**：身向右轉，重心全部移至左腿，右腿隨體轉向右後方撤一大步，成左弓步。同時右手持刀，從身體左側左下方向右前上方反臂上撩，刀高過頭，刀尖向前，刀刃向上；左手一直合於小臂上。目視刀尖（圖 32-2）。

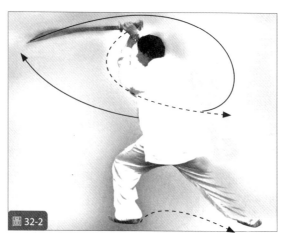

圖 32-2

3. **弓步前撩**：身體先向右轉再向左轉。同時重心移至右腿，左腿隨體右轉回收，再隨體左轉向左後方撤一大步，成右弓步。同時右手持刀，隨體右轉掄臂走上弧，向右後方抽刀，再走下弧向前上方撩刀，使刀、臂在身體右側走一立圓。高與肩平，刀尖向前，刀刃向上。左手也隨體轉分臂於身後，高與肩平，掌心向外。目視刀尖（圖 32-3）。

圖 32-3

4. **右轉抽刀**：身向左轉，重心後移至左腿，右腳回收至左腳裡側，前腳掌著地，成右虛步。同時右手持刀，從前向左後方走上弧，順纏收臂抽刀於身體左側，高與肩平，刀尖斜向上，刀刃向後；左手合於右手腕部。目視右前方（圖 32-4）。

圖 32-4

圖 32-5

5. **撤步反撩**：身向右轉，重心全部移至左腿，右腿隨體轉向右後方撤一大步，成左弓步。同時，右手持刀，從身體左側左下方向右前上方反臂上撩，刀高過頭，刀尖向前，刀刃向上；左手一直合於右小臂上。目視刀尖（圖 32-5）。

圖 32-6

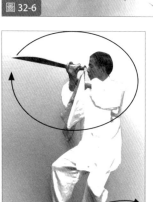

圖 32-7

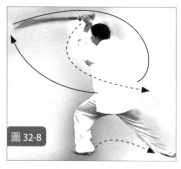

圖 32-8

6.弓步前撩：身體先向右轉再向左轉。同時重心移至右腿，左腿隨體右轉回收，再隨體左轉向左後方撤一大步，成右弓步。同時，右手持刀，隨體右轉掄臂走上弧，向右後方抽刀，再走下弧向前上方撩刀，使刀、臂在身體右側走一立圓。高與肩平，刀尖向前，刀刃向上。左手也隨體轉分臂於身後，高與肩平。掌心向外，目視刀尖（圖 32-6）。

7.虛步抽刀：身向左轉，重心後移至左腿，右腳回收至左腳裡側，前腳掌著地，成右虛步。同時右手持刀，從前向左後方走上弧，順纏收臂抽刀於身體左側，高與肩平，刀尖斜向上，刀刃向後，左手合於右手腕部。目視右前方（圖32-7）。

8. 撤步反撩：身向右轉，重心全部移至左腿，右腿隨體轉向右後方撤一大步，成左弓步。同時右手持刀，從身體左側左下方向右前上方反臂上撩，刀高過頭，刀尖向前，刀刃向上；左手一直合於右小臂上。目視刀尖（圖 32-8）。

9. **弓步前撩**：身體先向右轉再向左轉。同時重心移至右腿，左腿隨體右轉回收，再隨體左轉向左後方撤一大步，成右弓步。同時右手持刀，隨體右轉掄臂走上弧，向右後方抽刀，再走下弧向前上方撩刀，使刀、臂在身體右側走一立圓。高與肩平，刀尖向前，刀刃向上；左手也隨體轉分臂於身後，高與肩平，掌心向外。目視刀尖（圖32-9）。

圖 32-9

【要點】倒捲肱是以退為攻的技法，退右腳，刀隨體轉從身體左側走一立圓向前反撩；退左腳，刀從身體右側走立圓向前撩，撤步與撩刀要協調一致，刀和步的幅度要大，氣勢宏偉。

三十三、腰斬白蛇

圖 33-1

1.**虛步抽刀**：身向左轉，重心後移至左腿，右腳回收至左腳掌的裡側，前腳掌著地，成右虛步；同時右手持刀，回抽至身體左側，高與胸平，刀尖斜向前上方，刀刃斜向上；左手合於右手腕部。目視右前方（圖33-1）。

2. **撤步別刀**：重心全部移至左腿，身向右後方轉體180 度。同時右腿向右後方撤步，腳跟先著地，成右虛步。同時右手持刀，翻腕下扣，別刀於左腋下，刀尖向後，刀刃向外，刀背緊貼身體的左背，高與腰平。左手仍按於右小臂上。目視右後方（圖 33-2）。

3. **丁步平斬**：身體繼續右轉，右腳尖外擺踏實，重心移至右腿，左腳隨重心移至右腿跟步收至右腳裡側，前腳掌著地，成丁步；同時右手持刀，隨體轉攔腰平斬 360 度，即一周，刀尖向右前方，刀刃向後，刀、臂成一條直線，刀高與腰平；左手立掌合於右臂，掌心向外，高與右臂相平。目視刀尖（圖 33-3）。

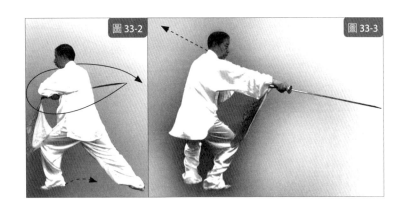

【**要點**】腰斬白蛇的定式為丁步下蹲，刀隨體轉，攔腰平斬一周。刀、臂要成一條直線，左手立掌貼於右大臂。目視刀尖。

三十四、馬步劈刀

1. 左轉推掌：丁步不變，右手持刀不變，身向左轉 90 度。同時左手隨體轉回收，並從胸前向左後方平推，掌心向外，指尖向上，高與胸平，使左臂和右臂成一直線。目視左手前方（圖 34-1）。

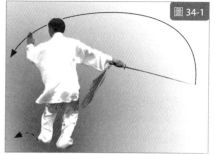

2. 上步斜劈：重心全部移至後（右）腿，左腿提起上步，腳尖外擺，成叉步下蹲。同時右手持刀，順纏翻腕屈臂上舉，向左前下方斜劈至左膝前方，刀尖向下，高與膝平；左手順纏屈臂裡合於右手腕部，掌心向右。目視左前方（圖 34-2）。

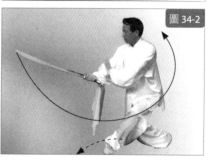

3. 上步合刀：身體繼續左轉，重心前移至左腿，右腿隨體左轉上一大步，腳跟先著

地，成右虛步。同時右手持刀，從下向上合臂上舉，向後繞頭一周至右肩上，刀把向上，刀背貼後背，刀刃向外，刀尖向下；左手一直合於右臂，掌心向外。目視右前方（圖 34-3）。

4. **馬步劈刀**：身先左轉再向右轉，成馬步或右偏馬步。同時右手持刀，隨體左轉，右手持刀分臂下劈至右膝右前方，刀尖微上翹，刀刃向下，高與腰平；左手分臂上舉於左肩左上方，掌心向上，掌高過頭。目視刀尖（圖34-4和圖34-4反面圖）。

【要點】轉身推掌時應立身不動，凝神靜氣，猶顯沉穩。推掌要慢，眼神也要隨體轉推掌而移動。馬步劈刀時，身體不可貓腰前傾，要中正大氣。

三十五、雁別金翅

1. **左轉扣刀**：身向左轉，扣右腳開左腳，重心移至左

腿至左腿，成左弓步。右手逆纏內扣，提刀於身體右側，刀把斜向右上方，刀背斜向左上方，刀尖斜向左下方，左手向左上方斜推。目視刀尖（圖35-1）。

2. 獨立別刀：重心全部移至左腿，右腿回收並提膝上頂，成左獨立步（即金雞獨立）。同時右手持刀，由刀尖引領，從右下向左上穿刀，別刀於左腋下，刀把朝下，刀刃向外，刀尖向上，刀背緊貼左肩外側；左手向上托舉至左肩上方，掌心向上，高過頭頂。目視右前方（圖 35-2）。

圖 35-2

【要點】金雞獨立要沉穩，又要挺拔，右膝要高抬上頂，左手臂要直，掌心向上，刀尖貼臂向上不可傾斜。

三十六、夜叉探海

1. 原地震腳：上身不動，左腿屈膝下沉，右腿鬆胯震腳，保持身體的整勁，下沉有力，震腳有聲（圖 36-1）。

圖 36-1

2. 鏟腳抽刀（虛步抽刀）：右腿震腳後，重心迅速移至右腿，左腳向左前方鏟腳，腳跟先著地，腳尖微翹，成左虛步。同

圖 36-2

時右手持刀，向右後方抽刀，刀尖斜向上，刀刃向右上，高與肩平；左手回落，插於左腰間。目視左前方（圖 36-2）。

圖 36-3

3. 弓步下刺：身向左轉，重心移至左腿至左腿，成左弓步。同時右手持刀，隨體左轉重心移至左腿，走刀尖，從頭前上方，向左前下方下刺（扎刀），刀尖斜向下，刀刃向外，刀把在上，刀高過頭。左手仍插在左腰間。目視刀尖（圖 36-3）。

【要點】弓步下刺，從上向下扎刀，目視刀尖，但不要貓腰低頭。上身要保持中正，盡量不前傾。弓步後腿不要挺直，要鬆開右胯下沉，似直非直，成弓蹬步。

三十七、左翻身砍

圖 37-1

1. 獨立抽刀：先扣左腳，回身右轉 90 度，再將重心移至左腿，右腿提膝上頂，成左獨立步（金雞獨立）。同時右手持刀，回身抽刀下劈，至右膝的右前方，刀尖向前，刀刃向下，高與腰平；左手隨體右轉逆纏，上舉至左肩上方，掌心向上，掌高過頭。目視右前方（圖 37-1）。

2. **虛步背刀**：身向右轉，左腿屈膝下沉，右腿下落震腳，重心移至右腿，左腿向左前方鏟腳上步，腳跟先著地，成左虛步。右手持刀向後翻腕屈臂上舉，背刀至右肩前上方，刀尖向後，刀刃向上，高與頭平；左手隨體轉下落，合於右手臂上。目視左前方（圖37-2）。

3. **弓步下劈**：身向左轉，左腳落實，重心移至左腿，成左弓步。同時右手持刀，向左前下方斜劈，刀尖向前，刀刃向下，高與腰平；左手走下弧，從右向左前上方逆纏掤臂撐掌，高與頭平。目視左前下方（圖37-3）。

【要點】翻身就是回身，當身後被人偷襲時，我迅速回身，提膝回抽下劈，把對方的兵器格開，再揮刀上步下砍。此勢可以跳起來回身（翻身）下砍，也可以回身震腳上步下劈，顯得更有力度。總之，回身下劈要快，弓步下劈要猛，震腳要有力。

圖 38-1

圖 38-2

圖 38-3

三十八、右翻身砍

1. **獨立抽刀**：先扣左腳，回身右轉 90 度，再將重心移至左腿，右腿提膝上頂，成左獨立步（金雞獨立）。同時右手持刀，回身抽刀下劈，至右膝右前方，刀尖向前，刀刃向下，高與腰平；左手隨體右轉，上舉至左肩的前上方，掌心向上，掌高過頭。目視右前方（圖 38-1）。

2. **虛步背刀**：身向右轉，沉左腿，震右腳，重心移至右腿，左腿向左前方鏟腳上步，腳跟先著地，成左虛步。同時右手持刀，向後翻腕屈臂上舉，背刀至右肩右前上方，刀尖向後，刀刃向上，高與頭平；左手隨體轉下落合於右手臂上。目視左前方（圖 38-2）。

3. **弓步下劈**：身向左轉，左腳落實，並將重心移至左腿成左弓步。同時右手持刀，向左前下方斜劈，刀尖向前，刀刃斜向下，高與腰平；左手也隨體左移走下弧，從右向左前上方逆纏掤臂撐掌，高與頭平。目視左前下方（圖 38-3）

【要點】左、右翻身砍的動作相同，但方向不同，相差 90度。如果面向南練刀，左翻身砍向西北角，右翻身砍向東北角。

三十九、白蛇吐信（一）

1. **虛步架刀**：身向右轉，重心後移至右腿，左腿回收半步，前腳掌著地，成左虛步。同時右手持刀隨身右轉，將重心後移向外翻腕，抽刀上架，刀尖向前，刀刃向上，刀高過頭；左手上合於右臂上。目視左前方（圖 39-1）。

2. **上步沉刀**：身向右轉，重心全部移至右腿，左腳提起上步，腳跟先著地，成左虛步。同時右手持刀隨體右轉，回抽下沉於腰間，刀尖仍向左前方；左手也隨體轉順，左臂下滑，向下再向前分掌，掌心向前。目視左前方（圖 39-2）。

3. **弓步扎刀**：身向左轉 180 度，左腳外擺，將重心前移至左腿，右腿緊跟上步，成右弓步。同時右手持刀走下弧，內旋擰腕向前直刺。猶如蛇的信子走彈抖勁，向前上方扎刀。刀尖斜向前上方，刀刃斜向上，刀尖過頭。左手分臂向左後方分掌，掌心向後，高與肩平。目視刀尖前上方（圖 39-3）。

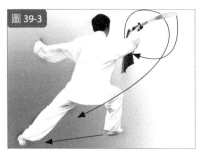

【要點】弓步上刺要走刀尖，不能形成向前撩刀。要走腰的合勁，分臂上刺要發力，刀風有聲。猶如蛇信子，走彈抖勁。

四十、回身反撩（轉身反撩）

1. 仆步壓刀：身向右後轉 180 度，右腿隨體轉後撤一大步，並將重心向後移至右腿，扣左腳，形成左仆步。同時，右手持刀，鬆腕翻轉挽一刀花，隨仆步下沉壓刀，在左腿裡側，刀尖向左，刀刃向下，高與檔平；左手下按於右手腕刀或刀背的中部。目視刀尖（圖 40-1）。

2. 弓步反撩（轉身反撩）：下身不動，身向右轉。同時右手持刀，隨體右轉反背上撩，刀尖斜向右後前上方，刀刃向上，刀高過頭；左手向左後方分掌，掌心向外，高與腰平。目視刀尖（右後前上方）（圖 40-2）。

【要點】轉身反撩，從前弓步變後成仆步，動作幅度比較大，撤步的同時右手持刀，要鬆腕挽一個刀花，走一

個立圓，起伏很大，有一定的難
度，需要有一定的功底。另外，右
轉反撩，要求雙臂平分和刀成一條
直線，需要轉腰展臂，一氣呵成。
注意不要架肩，手腕要活。

四十一、白蛇吐信（二）

1. **左轉抽刀（虛步抽刀）**：身
向左轉，重心移至左腿，右腳尖翹
起，成右虛步。同時右手持刀，順
（裡）纏翻腕，走上弧抽刀，與左
手合於左胸前上方，高與肩平，刀
尖斜向前，刀刃斜向上。目視右前
方（圖 41-1）。

圖 41-1

2. **虛步上撩**：右腳尖外擺，身
向右轉 180 度，重心前移至右腿，
左腿緊跟上步，至右腳的左前上
方，前腳掌著地，成左虛步。同時
右手持刀，隨重心前移走下弧，向
右前上方逆纏撩刀上架，刀尖向
前，刀刃朝上，刀高過頭；左手一
直按於右手臂上。目視刀尖前端（圖 41-2）。

圖 41-2

圖 41-3

3. **上步抽刀**：身向右轉，重心全部移至右腿，左腳提
起上步，腳跟先著地，成左虛步。同時右手持刀，回抽下
沉於腰間，刀尖仍向左前方；左手也隨體轉走下弧，向下
再向前分掌，掌心向前。目視左前方（圖 41-3）。

圖 41-4

4. 弓步扎刀：身向左轉180 度，左腳外擺，重心前移至左腿，右腿緊跟上步，成右弓步。同時右手持刀，走下弧，內旋擰腕向前直刺。猶如蛇的信子，走彈抖勁，向前上方扎刀。刀尖斜向前上方，刀刃斜向上，刀尖過頭。左手分臂向左後方分掌，掌心向後，高與肩平。目視刀尖前上方（圖 41-4）。

圖 42

【要點】弓步上刺要走刀尖，不能形成向前撩刀。要走腰的合勁，分臂上刺要發力，刀風有聲。猶如蛇信子，走彈抖勁。

四十二、懷中抱月

虛步抱刀：身微左轉，重心後移至左腿，並屈膝鬆胯下沉；右腳回收半步，前腳掌著地，成右虛步。同時右手持刀走上弧，抽刀於左胸前，與左手合於左腰間，刀尖斜向前，刀刃斜向上。目視右前方（圖 42）。

【要點】此式動作比較簡易，但動作要沉穩，撤步抽刀要協調一致。

四十三、轉身平抹（帶）

1. **撤步別刀**：身向右轉，右腳向右後方撤步，腳跟著地，腳尖微翹，成右虛步。同時右手持刀，翻腕下扣，別刀於左臂腋下，刀背朝裡貼身，刀刃向外，刀尖向後；左手掌按於右手腕部。目視右後方（圖 43-1）。

2. **右轉平帶**：右腳尖外擺，並將重心移至右腿，以右腳為軸，右轉 180 度。左腿繞右腿半周，腳跟先著地，腳尖內扣。同時右手持刀，隨體轉平帶橫抹半圈；左手掌按於右手臂上。目視右前方（圖 43-2）。

3. **退步平抹**：身體繼續右轉，將重心移至左腿，再以左腳為軸，右腿隨體右轉撤步，成左弓步。同時右手持刀，分臂向右橫抹（斬）至身體右側，刀尖向前，刀刃朝右，高與腰平；左手臂左分，掌心向外，高與腰平。目視正前方（圖 43-3）。

【要點】轉身橫抹，實際是身轉一周，刀隨體平帶橫抹一周半，像旋風一樣一氣呵成。為了讓大家看得明白，此處分解成三個分動式。刀隨體轉平帶，再撤步分刀平抹。

四十四、弓步扎刀

1. **右轉合刀（虛步抽刀）**：身體微右轉，將重心後移至右腿，成左虛步；同時右手持刀，後抽至右腰間，與左手相合，刀尖向前，刀刃向下，高與腰平。目視正前方（圖 44-1-1、圖 44-1-2）。

2. **弓步扎刀（前扎）**：身向左轉，重心前移至左腿，成左弓步。同時右手持刀，隨重心前移向前扎刀平刺，刀尖向前，刀刃朝下，高與胸平；左手隨右臂前伸，從右手腕滑至臂彎處，指尖向上，掌心貼臂內側。目視正前方（圖 44-2）。

【要點】弓步扎刀，出刀要用腰勁，要快、有聲、帶風。顯示出刀的剛猛有力。

四十五、收刀還原（收刀）

1. **右轉纏頭刀**：身向右轉，重心後移至右腿。同時右手持刀，上翻腕走纏頭刀，從頭上至右肩的右上方，高與肩平；刀背緊貼肩背，刀尖向後，刀刃朝上。左手從頭上向左側分臂，高與胸平，掌心向外。目視右前方（圖 45-1）。

2. **左轉交刀**：上體不動，身微左轉。同時右手持刀，翻腕扣刀至腰前，刀尖斜向左上方，刀刃向外，刀背緊貼在左小臂，準備交刀。左手回收至腰前，手心向上托住刀柄，完成交刀。目視左前方（圖 45-2）。

圖 45-1

圖 45-2

圖 45-3-1

圖 45-3-2

3. **弓步撩刀彩**：左腳尖外擺，重心移至左腿，成左弓步。同時，左手托刀掄臂前甩刀彩，高與肩平，刀把向前，刀彩下垂，刀刃向上，刀尖向後；右手分臂向後。目視正前方（圖 45-3-1、圖 45-3-2）。

4. **托刀平舉**：重心全部移至左腿，右腳向前上步，兩腳平行站立，與肩同寬。屈膝沉胯，成半蹲步。同時右手也隨右腳上步走上弧，掄臂向前，掌心向下，與托刀手平放於胸前（圖 45-4）。

5. **分臂下落**：兩腿微站起，但兩胯仍然鬆沉，並未完全直立。同時左手托刀，與右手掌隨著身體上起而緩慢下落於身體兩側，左手托刀，刀刃向前，刀尖向上，刀背緊貼左小臂裡側。右手自然下垂身體右側，掌心向裡。目視正前方（圖 45-5）。

【要點】收刀還原是收勢的準備，主要是右手交刀於左手的過程。此勢是在弓步扎刀的基礎上，重心後移右

腿，成左半仆步。同時右手持刀
纏頭一周，別刀內扣交於左手，
讓刀背貼於左臂，刀刃向上，左
手心向上托刀，如同起勢時左手
持刀。左腳尖外擺，左手持刀掄
臂前擺，將重心前移至左腿，右
腿緊跟上步，準備收勢。

收勢

1. 分腳直立：兩腳平穩站
立，兩臂分別下落至身體兩側，
兩腿緩慢站起，成開步站立狀，
整套動作全部練完，做一次深呼
吸，把濁氣呼盡，全身放鬆，精
神內斂（圖收勢-1）。

2. 收腳並步：全身放鬆，精
神內斂，呼吸自然，心態平靜。
然後，沉氣鬆胯，重心緩慢移至
右腿，左腳跟慢慢抬起，提膝回
收兩腳並立（圖收勢-2）。

【要點】起勢是從無極到太極，從靜到動。收勢是從
動到靜，從太極回歸到無極。身從動到靜容易，關鍵是心
動到心靜難。一定要深呼吸，平心靜氣，進入到無極狀
態。

後記．太極王青甫小傳

省言

　　王青甫，河北滄州人。自幼受故鄉習武之風影響，習拳練武，練得一身好筋骨，打下一身好基礎。20 世紀 70 年代又同妻子趙會珍，開始學練楊式太極拳，從 20 世紀 80 年代起又一道痴迷於陳式太極拳。憑藉早年紮實的武術功底和執著精神，迅速在同道中脫穎而出，並逐步形成自己的風格。20 世紀 80 年代末開始教授太極拳，並結合習武實踐，潛心研究太極拳拳理拳法，創編套路，改進打法，編輯出版了一系列有關太極拳的書籍，得到界內人士的認可和好評……

　　上述羅列，可以輕易勾畫出太極王青甫的簡單輪廓。可沿著這個脈絡把一個豐富的人寫出來，卻絕非易事。

　　寫人難。把人看複雜了，每個人都可以寫成一部鴻篇巨帙；把人看簡單了，許多人的一生不值一提。正因此，採用了小傳，即複雜地看，簡單地寫，以弟子的視角，僅限於太極。

│ 太 極 名 師 │

　　「青甫太極」是王青甫老師夫婦的名號。眾多人同他們結識，也緣於此。

　　青甫老師和其妻子最早傳授太極拳大概是在 1989 年范西路小學。到 1990 年省會青少年宮傳授時，已成規

模。後隨著搬家，先後到元南公園、歐韻公園、世紀公園、東環公園傳授太極拳。如今，在他們指導下的晨練站點達十餘處。

這 20 多年來，跟隨他們學拳的究竟有多少人，誰也無法精確統計。2007 年 5 月 14 日《燕趙都市報》報導他們時，估出一個數字：逾千人，大體可信。如今 7 年過去了，人數肯定會有大幅度攀升，但青甫老師仍然採用這個數字，顯其一貫的低調。

青甫老師習拳最初是出於愛好，但隨著教拳，樂趣也與日俱增，並成為生活習慣，20 餘年來，除極端天氣和外出，從不間斷晨練。古人云，習之不如好之，好之不如樂之。到此境界，就不會有苦與累。

當然，以此為樂之中，還有某種使命感。倡導健康生活，提高健身效果，進而弘揚太極文化，就是其中的含義。

青甫老師在長期的修煉和傳承陳式太極拳的過程中，博採眾家之長，為我所用，形成自己鮮明風格特點。他的拳架舒展大方，端莊中正，氣勢雄渾，姿勢優美，給人以美的享受。而在教學中，要求嚴格，講解細膩，通俗易懂，招式講的清清楚楚，勁道說得明明白白，教學指導有方。他所傳授的太極拳動作規範，開合有度，可以說是快慢相間，剛柔相濟。在傳授動作和套路的同時，傳授拳理拳法，使習練者不僅強身健體，技擊防身，還能陶冶情操，淨化心靈，享受藝術。正由於此，才形成近悅遠來的景象。20 多年來，無論走到哪兒，都能迅速聚集起一批學員，更有的學員不畏路途遙遠，他走到哪兒就跟到哪

兒。

　　為利於陳式太極拳的推廣，2003 年，青甫老師對傳統 83 式套路進行改編，去掉一些高難動作，簡化成 48 式，便於不同年齡和不同身體素質的人學練。十年來，效果出乎想像。由於門檻的降低，初學的人和能堅持的人大幅度增加，對全民健身功不可沒。

　　為適應太極拳的集體表演，增加太極拳的觀賞性和藝術性，在石家莊市他第一個創編了「陳式太極劍集體組合套路」、「陳式太極拳集體組合套路」和「24 式太極拳集體組合套路」。這些項目多次在省、市及國際太極拳比賽中獲獎。

　　2005 年，參加山西綿山全國老年人文化交流大會太極拳比賽集體項目，獲拳、劍兩項金獎；2006 年，參加「張家界國際旅遊節太極拳邀請賽」榮獲集體優秀獎，並在大會的提議下，又在閉幕式上做了表演；2006 年，在省、市太極拳集體項目中分別榮獲第一、第二名；2008 年 10 月，在「中國邯鄲第十一屆國際太極拳運動大會」上榮獲集體項目第二名；2009 年 6 月，獲「承德全國太極拳邀請賽」集體第一名；2010 年 10 月，獲「第八屆中國滄州國際武術節」國內集體項目第一名。

　　除了抓住晨練點這個最基礎的傳授陣地外，還利用練功廳、企業、學校舉辦陳式太極拳、劍、刀以及太極推手專門培訓班，既傳承太極文化，又強化提高弟子的拳藝。

　　幾十年的傳授和不懈的追求，使青甫老師獲得一系列榮譽。1994 年，在中國河南溫縣國際太極拳年會上被評為「太極拳師」。1995 年榮獲石家莊市「少林延才杯」

傳統武術比賽陳式太極拳、劍第一名。2006 年被評為優秀裁判員，2009 年獲國家級社會體育指導員，一級健身氣功教練和裁判員。

從 1990 年起，先後擔任石家莊市陳式太極拳研究會常務副會長、燕趙太極拳研究會常務副會長、裕華區太極拳研究會常務副會長、卓達太極拳（友）聯誼會會長、河北武術文化研究會特約拳師等職務。其事跡在《河北日報》《燕趙都市報》《燕趙武術》《石家莊日報》《燕趙晚報》等被多次報導；河北電視台、石家莊電視台也曾多次採訪錄播。

｜青 甫 弟 子｜

拳師的另一半是弟子。老師的水準靠自身拳藝的展示，也要靠弟子的成就來證明。

從 20 世紀 80 年代末教拳起，青甫老師就留意練武苗子，收作徒弟。先期規模不大，1995 年和 1997 年招收兩批，計有楊虎山、劉軍虎、劉永強、聶志勇等 8 人。從 2002 年起又陸續收徒。至 2007 年，青甫老師和其妻子趙會珍又多次收徒，至今近百人。在這一過程中，名號也逐漸樹立起來，至 2008 年，青甫太極拳培訓學校創立，青甫太極名號正式打出，弟子也統稱為青甫弟子。

先期弟子中，自幼習武者居多，拳藝見長也居多，有些後來已成為省市太極拳運動的骨幹力量，多次在省、市及國際太極拳比賽中獲獎。代表有：聶志勇，多次榮獲河北省、市太極拳冠軍，2001 年在「中國三亞首屆世界太

極拳比賽」中獲陳式太極拳、劍一等獎；2008 年 10 月參加「中國邯鄲第十一屆國際太極拳運動大會」，獲陳式太極拳冠軍，陳式太極劍一等獎；2010 年 10 月參加「第八屆中國滄州國際武術節」獲拳、劍兩金。

白海霞，2000 年中國永年國際太極拳比賽，獲 42 式拳、劍第一名；陳式太極拳、劍第一名，一人獲得四項金牌；2001 年「中國三亞首屆世界太極拳比賽」中獲陳式太極拳、劍兩項一等獎；2003 年「河北省首屆武術太極拳錦標賽」獲 42 式拳第一名，自選器械第一名。

劉永強，多次榮獲河北省、市太極拳冠軍，2000 年「中國邯鄲國際太極拳聯誼會」獲成年組陳式太極劍一等獎；2010 年 10 月「第八屆中國滄州國際武術節」獲男子 C 組陳式太極劍金獎；2013 年 8 月「第七屆中國焦作國際太極拳交流大賽」男子 C 組傳統陳式太極刀一等獎。

在後期弟子中，如黃永強、馮凱、陳康、焦景頌、曹彥華、李從從、孟紅霞、劉春蕾等均在「中國・焦作國際太極拳交流大賽」、「中國滄州國際武術節」、「第三屆全國旅遊名城體育彩票杯太極拳邀請賽」、「邯鄲國際太極拳比賽」和河北省、市武術太極拳比賽等高水準比賽中多次榮獲金、銀、銅獎。

目前，在青甫太極門下，擁有國家一級（氣功）社會體育指導員 12 人，國家一級社會體育指導員 5 人，二級社會體育指導員 15 人；二級裁判員 8 人；取得國家武術段位三段的 7 人，四段的 4 人，五段的 14 人，六段 9 人；中國武術段位制考評員和指導員 16 人。

｜文 武 兼 備｜

　　文武兼備是青甫老師的一大特色。他同妻子在長期修煉和傳承太極拳過程中，不僅相濡以沫，相互切磋，同學共武，還博覽群書，潛心研究太極拳的拳理拳法，先後撰寫了《太極拳理法雜談》《太極拳與氣功》《太極拳的淵源與發展》《太極拳的生命在於發展與創新》《論太極拳的纏絲勁》等研究文章，逐漸形成了比較完整、系統的太極拳理論。2009 年出版了《太極論道》，將以往研究成果系統總結。

　　在技法方面，為配合教學，2003 年以來，先後編著了《四十八式簡化陳式太極拳》《陳式太極劍》《陳式太極刀》三本書，將陳式太極拳打法精細化。

　　青甫老師的研究是在繼承基礎上的創新。面對前人留下的極為豐富的典籍資料，青甫老師尊重古人，但不迷信古人。認為在科學發達、高度文明的今天，不能一成不變地繼承，更不能照搬硬套，必須在實踐中不斷總結經驗，在繼承和融會貫通的基礎上，古為今用。他以拳理為依據，以拳法為準繩，透過持之以恆的刻苦修煉，根據自己習練的體悟和積累，不斷修正和改進拳法。同時特別注重理法的教學，讓學生明太極之理，懂太極之法，知太極之意，運太極之勁。

　　但這個創新過程並非坦途。從 1994 年就開始跟隨青甫老師學練陳式太極拳的河北輕化工學院力學教授林繼忠回憶起當年青甫老師在遵循拳理拳法鑽研太極拳時，坦言十分不易，時常伴隨著爭議，甚至遭受到一些非議。為了

檢驗自己的拳到底正確與否，青甫老師一行人帶著新改的套路，採用新的打法，參加了 2000 年中國邯鄲國際太極比賽和河南舉辦的國際太極拳大賽。大賽中，白海霞、聶志勇等獲得多項金獎，他們的精彩表演得到與會人員的普遍認可，並獲得了一些太極名家如張士俊等人的讚賞。

對青甫老師的創新，林繼忠教授從專業角度有其獨到見解，認為王老師所傳授的陳式太極拳，身架端莊，中正安舒，無論是從勁力的運行，還是從勁力的發放上看，都非常符合力學原理，照此習練太極拳是非常科學的。

文人相輕，武人相爭。武術界歷來有門戶之見，門派之爭。但青甫老師卻持一種開放的態度，他崇尚「天下太極者，一家也。太極拳者，非師即友也」。太極拳雖然流派紛呈，但「理唯一貫」，因為太極拳本就源於一家。太極拳有門派之分，但切不可有門派之見，要以海納百川的氣度，相互欣賞，相互借鑑，採眾家之長，方能進步。

這種開放的態度與其秉持的創新精神一樣，體現的是豁達，追求的是太極拳的發展。創新是師承傳統，又不拘泥於古人，要在現代科學昌明的平台上來研修太極拳，不斷融入現代元素，使其同現代社會相適應，與時俱進。開放則是摒棄門戶之見，通過廣泛交流共同提高，推進太極拳的研究和發展。

至於定位，青甫老師把自己比作竹竿——探知太極拳的竹竿，「就像盲人探路的竹竿，竹竿不是路，但沒有竹竿，就無法探知路。」而他們二人甘做太極探路人，用自己的體會和經驗幫助人們探求太極拳的真諦。

｜太 極 生 活｜

太極拳已成為青甫老師生活最主要的部分，甚至是全部。說的是太極拳，練的是太極拳，退休後工作也變成了太極拳。他先後擔任石家莊市陳式太極拳研究會常務副會長、燕趙太極拳研究會常務副會長，多次組織舉辦「石家莊太極拳年會」，進行太極拳交流比賽和理論研討會，有力地推動了石家莊市太極拳運動的開展。他多次帶隊參加省、市及國際太極拳比賽，都取得了較好的成績。

就連思維方式也太極拳化了，並以此推演開來。

他認為太極拳不僅是拳藝，更是文化，可謂採日月精華，匯天地之氣，蘊含著中國古典文化的精髓。周易的陰陽、老子的道，儒家的處事，在太極拳中都有體現。學太極拳不僅可以強身健體，還可以在無形中受到傳統文化的感染和薰陶，從一招一式中體會陰陽太極之理，在體鬆心靜中享受道法自然的美好意境。

他讚賞楊澄甫把太極拳看作是一種修為的提法，認為太極拳是「心氣功夫」，不是簡單肢體運動。身心並練，內外雙修。習練太極拳不光是練，更重要的是體悟，從陰陽中體悟人與人、人與自然的和諧，體悟處事的圓滿；從習練中窺探導引吐納之術，品味養生長壽之道。

他繼而闡發古人的「太極者，圓也」。圓者，無偏缺，圓滿和諧也；通者，無障礙，通順無阻，暢順通達。故圓而通，圓通則是人最理想的思想境界。

他常說：「太極拳練的是心態，不僅要練好拳，而且要讓太極拳融入生活，融入社會。太極是和諧，太極是陰

陽平衡。人陰陽平衡才健康；家庭需要平衡才和睦。國家
需要平衡，平衡才穩定，才和諧。」

　　這些認知，恐怕是仁者見仁，智者見智，卻足以說明
太極拳已成為其生活的全部，或者說他已將太極拳人格化
了。

　　贅述了青甫老師諸多事例，沒有通常描繪「大師」那
般令人炫目的成就，更沒有令人瞠目結舌的「功法」場
面，顯得過於平實，但正因其平實，才顯其真實。河北省
原武協主席劉鴻雁曾為青甫老師題詞，給他們評價是：
「武術文化沐浴蒼生，不厭無倦，口碑永隆」。

　　回顧太極拳的歷程，太極拳由醫而武，由武而體，由
體而養生，無不與時代相契合。今天能達到亙古未有的高
度，很大程度緣於時代健身熱潮。也許在這個大潮中，青
甫老師談不上多麼耀眼，用他自謙的話講乃滄海一粟。但
一位太極老人攜人生伴侶幾十年如一日，研悟修煉，不懈
求真探索，將整個身心都化在太極拳中，其精神感召，人
格魅力，都超乎太極拳之外。

在青甫太極拳研究會成立大會上的致辭

張發旺

太極拳是中華民族優秀傳統文化中的瑰寶，是中華文化的載體和符號，是用身體詮釋表達中國智慧的學問。

天地一太極，太極一陰陽。無極生太極，太極分陰陽，陰陽變化而生八卦。太極陰陽五行八卦文化，是統領社會、政治、經濟、文化生活各個領域的中華文化最高的思想，是中華文化最抽象的理念，最高度的概括，最廣泛的應用，最持久的傳播。

從治國平天下，到齊家修身，從崇山峻嶺到湖海河川，從廟堂之高到江湖之遠，從莊嚴的殿堂到淡雅的書法繪畫，從黃鍾大呂之聲到低吟慢唱的小調，天上的日月星辰，人間的是非禍福，王朝的興衰成敗，個人的升降超越，哪個不在太極陰陽五行八卦的變化和生剋之中？

太極拳源於易理，是強身健身的氣和血，昇華人格的詩與書，是保家衛國的刀與劍，是朋友交流的路與橋。與太極結緣，是人生的造化，是上天的恩賜。

俗話講：「人生難得，名師難求，佛法難聞。」王青甫、趙會珍二位老師就是我們難得難求的名師。二位老師幾十年如一日，習練太極，體悟研究太極，傳播教授太極，太極一人生，人生一太極，弟子眾

---

1 張發旺：石家莊市原副市長

多，影響久遠。他們打造的青甫陳式太極拳，博採眾家之長，為我所用，拳架舒展大方，端莊中正，氣勢雄渾，姿勢優美。長期修練，可強身健體，可技擊防身，可升格道德情操，可和睦人際關係。

我們石家莊軌道交通公司的部分員工，近兩個月來，接受二位老師以及多位弟子的言傳身教，不僅領略了他們拳法拳技的風采和美姿，更感受了他們優秀的品德和純真的心境，這對我們今後的成長是極為難得的一個機緣。對此，讓我們以感恩的心情表示敬意！我們也願意為青甫太極的發揚光大盡一份微薄之力。

黨和國家高度重視人民健康，將提高人民健康水準寫入了十八大報告，全民健身提升為國家戰略，提倡太極拳進學校、進企業、進社會。太極拳在全民健身這一偉大事業中扮演了重要的角色，祝願青甫太極在這一偉大事業中發揮更大更好的作用。（有刪節）

沁園春·贊青甫太極　　　　　　　李全順

九月金秋
碩果纍纍
天高雲淡，
健身習武者
莊裡開練。
昔日武林
創業艱難，
燕趙大地
青甫崛起，
比賽場上盡第一。
十五載
免費授拳藝
桃李滿天。

壯哉青甫會珍
鑄炎黃武學一片情。
太極研究會
藍圖繪製，
非凡業績
吳冕光輝。
青甫太極
後生可畏
續寫輝煌築豐碑。
展未來
數太極風流
乃有我輩！

於 2015 教師節

李全順：石家莊市裕華區武協原副主席

武術文化沐浴　以芒發不及為倦　日碑永傳

王青甫同道

劉鴻雁書

癸九年八月

河北省武協原主席劉鴻雁為王青甫題詞

歡迎至本公司購買書籍

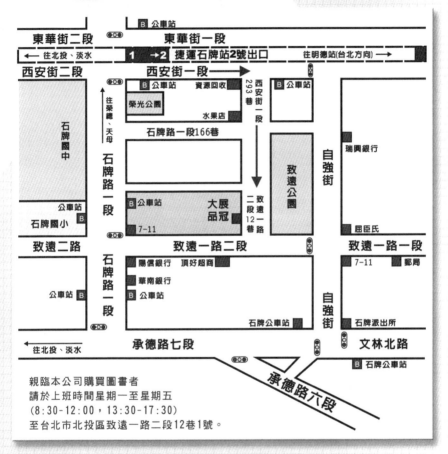

親臨本公司購買圖書者
請於上班時間星期一至星期五
(8:30-12:00，13:30-17:30)
至台北市北投區致遠一路二段12巷1號。

建議路線
1.搭乘捷運
　　淡水信義線石牌站下車，由月台上二號出口出站，二號出口出站後靠右邊，沿著捷運高架往台北方向走(往明德站方向)，其街名為西安街，約80公尺後至西安街一段293巷進入(巷口有一公車站牌，站名為自強街口，勿超過紅綠燈)，再步行約200公尺可達本公司，本公司面對致遠公園。

2.自行開車或騎車
　　由承德路接石牌路，看到陽信銀行右轉，此條即為致遠一路二段，在遇到自強街(紅綠燈)前的巷子左轉，即可看到本公司招牌。

國家圖書館出版品預行編目資料

陳式太極拳 拳劍刀精解／王青甫、趙會珍編著.
-- 初版-- 臺北市，大展，2019 [民 108.08]
面；21公分--（陳式太極拳；10）
ISBN 978-986-346-253-8（平裝；附影音數位光碟）
1.太極拳 2.劍術 3.器械武術
528.972   108009332

陳式太極拳 拳劍刀精解 附DVD

編　　者／王青甫、趙會珍

責任編輯／張玉芳

發 行 人／蔡森明

出 版 者／大展出版社有限公司

社　　址／臺北市北投區（石牌）致遠一路 2 段 12 巷 1 號

電　　話／（02）28236031，28236033，28233123

傳　　真／（02）28272069

郵政劃撥／01669551

網　　址／www.dah-jaan.com.tw

E-mail／service@dah-jaan.com.tw

登 記 證／局版臺業字第 2171 號

承 印 者／傳興印刷有限公司

裝　　訂／眾友企業公司

排 版 者／菩薩蠻數位文化有限公司

授 權 者／河北科學技術出版社

初版 1 刷／2019 年（民 108）8 月

定價／420元

大展好書　好書大展
品嘗好書　冠群可期